U0476990

2010年度全国教育科学"十一五"规划教育部重点课题《农村艺术教
成长⊥型模式研究》（课题编号：GLA102042）研究和推广成果

梦山书系

现在，我们这样做教师
【数学卷】

丛书主编：肖　川　黄超文
执行主编：罗　炜　龚明斌
本册编著：盛建武

海峡出版发行集团｜福建教育出版社

图书在版编目（CIP）数据

现在，我们这样做教师. 数学卷 / 肖川，黄超文主编；盛建武编著.
—福州：福建教育出版社，2013.12
　ISBN 978-7-5334-6272-7

Ⅰ.①现… Ⅱ.①肖… ②黄… ③盛… Ⅲ.①数学课－教学研究－中小学 Ⅳ.①G63

中国版本图书馆 CIP 数据核字（2013）第 261904 号

现在，我们这样做教师
肖川 黄超文 丛书主编　罗炜 龚明斌 执行主编

数学卷
盛建武　编著

出版发行	海峡出版发行集团
	福建教育出版社
	（福州梦山路 27 号　邮编：350001　网址：www.fep.com.cn
	编辑部电话：010-62027445
	发行部电话：010-62024258　0591-87115073）
出版人	黄　旭
印　　刷	北京东君印刷有限公司
	（北京大兴黄村镇三间房村委会北 500 米　邮编：102600）
开　　本	710 毫米×1000 毫米　1/16
印　　张	13.25
字　　数	184 千
版　　次	2013 年 12 月第 1 版　2013 年 12 月第 1 次印刷
书　　号	ISBN 978-7-5334-6272-7
定　　价	29.00 元

如发现印装质量问题，请与读者服务部（电话：010-62024258）联系调换。

《现在，我们这样做教师》丛书编委会

主　　任：王柯敏

副 主 任：葛建中

成　　员：贺安溪　张大伟　黄超文　李继武　王　玲
　　　　　贾腊生　蒋维加　谢　民　胡惠明　李再湘

丛书主编：肖　川　黄超文

执行主编：罗　炜　龚明斌

丛书编委会（按姓氏笔画排序）：

　　　　　文　琼　卢梓忠　龙继红　孙　玮　刘云燕
　　　　　刘菲菲　刘翠鸿　江　建　朱锦双　朱志湘
　　　　　唐冬梅　李春喜　张羽飞　张润清　张娟英
　　　　　肖　焱　屈松坪　杨运泉　陈　霞　陈志斌
　　　　　陈昔安　易　宇　周　波　周建中　周满意
　　　　　陈　娟　罗　炜　郑湘莎　郑学志　蒋明权
　　　　　常贵秀　梁丽虹　黄　琼　龚明斌　盛建武
　　　　　喻惠中　彭　昕　曾伟文　熊伟红

本册编著：盛建武

本册编委：盛建武　刘友华　彭　越　喻　沛　邓小兰
　　　　　杨喜梅　廖月红　杨　玲　张玉杨　钟子云
　　　　　黄新明　屈松平

目 录

总序：不懈的追求（肖川） ┃001

上篇 数学教师成长的基本理念 …………………………………… 001

第一章 数学教师成长的现实意义 ┃002

第二章 数学教师成长的主要途径 ┃009

第三章 数学教师成长的评价标准 ┃015

下篇 数学教师成长的个案叙事 …………………………………… 023

个案1 享受教育在"悟中"（刘友华） ┃024

个案2 让数学如音符般跳动（彭越） ┃044

个案3 教育的名字叫吸引（喻沛） ┃060

个案4 享受过程，快乐成长（邓小兰） ┃082

个案5 "梦"在脚下延伸（杨喜梅） ┃099

个案6 "心"到自然成（杨玲） ┃121

个案7 在幸福与快乐中徜徉（廖月红） ┃138

个案8 爱在教育乐不停（钟子云） ┃153

个案9 随风潜入夜，润物细无声（黄新明） ┃166

个案10 在实践中丰盈教育的生命（张玉杨） ┃181

总　序

不懈的追求

肖川

教育，是永恒的事业；教师，是永恒的职业；探索如何做教师则是一个永恒的话题。

教育之于社会的发展，功莫大焉；而教师之于教育的进步，又莫此为大。"百年大计，教育为本；教育大计，教师为本"，教师素质的高低直接决定了教育水平的高低，教育水平的高低又直接影响了社会发展的进程。于是，探索如何做教师，就成了每一个时代都必然重视的崇高而艰巨的任务。

如何做教师，这是一个永远古老而现代的问题。这个问题，远古的先民们在教孩子们如何狩猎、如何采集的时候，思考过；中外的先哲们在教年轻人学习知识、明白事理的时候，探索过。当然，薪火相传，现在，无数的教师们也在为这个问题贡献着自己的青春、心血与智慧，以使这永恒的使命如同不灭的火种永远传承。

而如今，这个问题又尤其显得重要而且紧迫。由于在我们的教师教育课程中，对于教育理论和教育实践课程安排的不足，我们的中小学教师的教育理论素养以及教育技能都存在着诸多的问题。比如，我们的很多中小学教师，对在现代社会里如何做一名合格的、有思想的教师这一问题，认识并不够明确，理解并不够深入。又由于在当今以"应试教育"为主流的中小学教育中，我们的教师负担过重、工作强度过大，大多数教师常常忙碌得没有时间来思考"真正的教育是什么"、"我们如何来做一名有思想的教师"这样的教育理论和教育实践的问题，只把自己当做了一个简单的"教书匠"，而不是一名以培养人为目的的真正的教师。我们的教师不知道如何做教师，这直接限制了我国教育发展的步伐。

当然，任何一位对教育有着理想和信念的教师都不会满足于现状，而会努力从思想上去认识这个问题，从行动中去实践这个使命。于是，这套书中的每一位教师的所作所为、所思所想就有了多重的意义。

如何做教师，首先有着历史和现实的双重意义。做一个优秀的教师，是对千百年来这个永恒问题的回答，它给历史上所有关于这个问题的阐释提供了新的案例，丰富了教师的内涵，沉淀了教育的思想。做一个优秀的教师，更有着真切的现实意义，它解决现实的教育问题，促进教育的发展，推动社会的进步，是每一位教师所肩负的社会责任和义务。因此，现在，我们这样做教师，是为历史竖立了一个新的里程碑；现在，我们这样做教师，是为现实树立了真实的楷模。

如何做教师，对学生发展和自己成长更有着双重的意义。做一名优秀的教师，为学生的幸福人生奠基，是教师神圣的职责；做一名优秀的教师，实现自己的职业规划，创造自己的美好人生，是教师对自己生命负责的重要标志。因此，现在，我们这样做教师，是要培育教育的情怀，明确教育的本质，拓宽教育的视域，提高教育的水平；现在，我们这样做教师，是要感悟人生的真谛，欣赏人生的美好，体味人生的成长，创造人生的精彩，实现人生的理想。于是，教育中的欢乐、沮丧与兴奋，生活中的痛苦、激动与幸福，多少次的辗转反侧、魂牵梦绕，多少次的热泪盈眶、泪如雨下，都与"现在，我们如何做教师"这一永恒问题息息相关。

如果翻开这本书的每一位读者，能够从书中每一位教师的教育活动中，感受到他们对教育的情怀和意趣，感悟到他们对教育的理解和洞察，体会到他们对教育的理想和信念，触摸到他们的心路历程和奋斗轨迹，从此，把思考和探索"如何做教师"作为自己人生追求的一部分，那么，这套丛书的目的就达到了。

上篇
数学教师成长的基本理念

第一章
数学教师成长的现实意义

  我们教师，从自己的角度去研究教师的成长与发展，当然是最实际、最亲切、最清楚、最有效，因而也是最重要的了。综观我们熟知的优秀教师的事迹，了解他们的精神和思想，探寻他们的活动轨迹，对照党和政府赋予教师职业的社会重任、人民群众对优质教育的期望，以及国际教育竞争的现实，展望教育的未来，我认为研究教师的成长有以下几个方面的意义：

  一、研究教师成长，让教师追求自己的事业。追求是一种目标，是一种动力，也是一种过程。于漪老师说，"选择了教师就选择了高尚"，马祖光老师说，"做学问也好，做事情也好，首先要做一个高尚的人"。人在追求中可能是世俗的，可能是高尚的，也可能是卑鄙的，但教师的追求必须是高尚的，因为你面对的是新的一代，即使他们是成年人，只要他们是学生，你就应该指导他们认识真理，并且服从和坚持真理。陶行知先生说"千教万教，教人求真，千学万学，学做真人"，一语道破了教和学的本质。陶行知先生是继孔子以后国际公认的大教育家，他一生追求平民教育，培育英才，"捧着一颗心来，不带半根草去"，在无比的高尚中艰苦奋斗了一辈子，如果说孔子是"万世师表"，陶行知先生就是"近世师表"了。陶行知留学美国哥伦比亚大学，师从著名的实用主义教育家杜威，然而，他不是把杜威的理论搬来，言必称杜威，他完全是从中国的国情出发，致力于解决中国教育的实际问题。要"筹集一百万元资助金，培养一百万名乡村教师，办一百万所乡村学校"，这三个"一百万"就是陶行知先生这位"近世师表"的追求。如今，多少个像刘友华那样执著的教师继承了陶行知的追求，刘友华之所以会说，"守住心灵的净土，寻找一方教育乐园"，是因为她在全国教学比赛获一等奖后，许多学校高薪聘请她做领导，她却仍坚持在教学的第一线教孩子，她是生活在现代化大城市——长沙的教师，能够"守住心灵的净土"，当然更加不容易。刘友华老师认为"永不满足"是必须遵循的信条。可见她"永不满足"，追求的就是心目中没有遗憾的数学课。怪不得她是个喷泉一样不断冒出新思想的学科带头人，教学和科研，硕果累累，她的教学多次获得全国、省一等奖；曾到山西、河北等地进行讲学，曾在各级报刊发表学术论文十多篇，出版教学书籍多本。显然，一个教师如果对事业不懈追求，他就会与时俱进，在平凡中创造光辉的业绩，他就会真正成为一个高尚的人。毋庸讳言，在时下的社会转型期，理想与现实往往形成很大的落差，有不少教师守不住那块"心灵的净土"。2005年《中国青年报》社会调查中心做了一项"是什么原因造成教师职业声望下降"的调查，结果65.5%的答案是"过分追求经济利益"，45.2%的答案是"缺乏职业道德"，还有22.1%的答案是"授课水平下降"。这不能不令我们反思自己的追求，研究教师的成长有利于帮助每个教师以优秀教师为榜样，回到事业的追求上来。

二、研究教师成长，编织教师美好的梦。梦是憧憬，是美好。有梦的人思想是活跃的，心情是开朗的，总有克服困难的勇气，总有解决矛盾的办法。教师的梦是教师面对学生，面对现实编织的美丽童话，逐渐营造的只属于自己的美好的精神世界。大多数教师并不是一开始就热爱自己的职业，决心为教育事业奋斗一辈子的，正像《中国青年报》所做的调查所显示，在"被羡慕的职业"栏中，教师被排在了末位。高考填志愿时，师范专业不过是一个备用的保险的专业，师范院校很难招到顶尖学生，人们也从来没有"最好的毕业生读师范"的概念；即使在20世纪，尖子学生读师范也往往是因为经济条件不好，或者家庭出身不好。这两个"不好"使中小学教师蕴藏了一大批起点较高的人才，他们无奈地被"逼向"教师职业，逐渐转化为自觉地热爱教师职业。他们每天迎着朝阳上班，踏着月色晚归，经常挑灯夜战，备课，读书，改作业，乐此不疲，常常被一些闪光的东西所吸引，教师之路在自己的心目中完完全全是一条七彩缤纷奇幻杂呈的童话之路，于是他们成了教育骨干，成了优秀教师。新时期的教师，虽然成长的背景不同，但踏实肯干，勤奋努力，面对自己的学生在不断的知情知性中逐步也有梦了，每天都期待看到自己的劳动成果，成绩好的学生的进步，成绩差的学生的转变，自己教学中的心得体会，都越积越多，梦也就越来越美，越来越多了。三角塘小学杨喜梅老师是"一百个不乐意"走上教师岗位的，她上第一节课照讲稿念，还带着孩子式的语言，学生们大笑不止。最后，一个女生在交来的作业本封面上画了一幅漫画，一只老鼠拿着麦克风在课堂上讲话，下面写着："你是哪个庙的和尚，会不会念经，敢来教我们？"面对这些学生，她没有气馁，反而激发了她当好教师的决心，她渐渐接近学生，深入到学生当中去，期待着成功，"用心做教育"，终于成为一个优秀的班主任和优秀的数学教师。有人说，有梦才会有成功，杨喜梅老师和学生一起把数学变成了"好玩"的东西，吸引每个学生参与，人见人爱，这不是美丽的教育童话吗？枯燥的抽象的数学竟可以教得这样有趣，杨老师美梦成真了。

三、研究教师成长，传递教师的爱。教师要有爱，没有爱就没有教育，这是个亘古不变的话题，从孔子开始，爱学生就是很动人的。孔子说"仁者爱人"。他的"有教无类"、"诲人不倦"等主张，就表现出崇高而博大的爱，既爱富学生，如子贡，也爱穷学生，如颜回。三千弟子，出身、性格、品行和才智都不一样，老先生总是深入了解他们，掌握情况，有针对性地教育他们，讨论对话，个别谈话，亲切得很。循循善诱，入情入理，不仅关心学生的学业和品德，还关心学生的生活和健康，比如"宰予昼寝"、"伯牛有疾"。正因为孔子爱学生，全面关心学生，所以学生就"亲其师而信其道"。陶行知先生爱学生也有许多佳话，大家都熟知的是，陶行知先生语重心长地对一位打骂"小捣蛋"孩子的母亲说："你可能扼杀了一个像爱迪生那样的天才。"陶行知先生处理打架的孩子，奖励他四块糖。陶行知先生特别用爱心对待差生和犯错误的学生，非常反对用惩罚、训斥和讽刺的手段，他说："你的教鞭下有瓦特，你的冷眼里有牛顿，你的讥笑中有爱迪生。"陶行知先生的话多么发人深思！北京师范大学的老校长陈垣，也谆谆教导师范生——未来的教师说："一个人站在讲台上要有个样子，和学生的脸是对立的，但感情不可对立！万万不可有偏爱、偏恶，万万不可讥诮学生，以鼓励夸奖为主。淘气或成绩不好的，都要尽力找他们一小点好处，加以夸奖。不要发脾气。站在讲台上即是师表。"陈垣老先生对教师的爱说得多么细致，对学生有没有爱，最本质地反映出教师称职不称职。爱学生是教师的天职，爱每一个学生是教师施教的责任原则和公平原则。因而，爱学生是师德的核心，是教育的基础，是教育好每个学生的出发点和归宿，爱贯穿教育的全过程。陈垣老先生其实是告诉师范生：做个称职的教师要从爱每一个学生开始，并且要特别细心地爱那些"淘气或成绩不好"的学生。有效地教育这些学生往往不是靠技巧和方法，而靠了教师真爱的感染和感化，沅丰坝中学优秀教师廖月红就用真情真爱感化了一个极难教育的差生。教育差生最能考验和体现教师的爱，也最有力、最明显地显示了师爱的教育力量。所以有教育家说，"教学的全部奥秘就是爱"。"只有爱孩子的人才能教育孩子"，教师之所以高尚也源于教师的爱。教师的爱是比母爱更伟大的爱：一个母亲爱自己的孩子，这是本能；而一个教师爱所有的学生，则是无私。

四、研究教师的成长，激发教师的专业追求。教师倾注爱心，日复一日地上课，年复一年地送走一批又一批学生，决不是一种重复的劳动,好教师都知道,课是常教常新的,而学生更是每天都在变化着的人,特别是中小学生,他们是成长发育中的未成年人,有许多不可知的因素,有极大的可塑性和可导性。身处知识经济、资讯发达的时代,许多教师尽管也有爱心,也辛勤耕耘,忙得不亦乐乎,但教学效率低,教育无良策,究其原因,大都是不懂得,教师这个职业不是一般的职业,它是一种重要的社会专业,是有其特殊的专业要求的。1966年,联合国教科文组织和国际劳工组织提出《关于教师地位的建议》中,就对教师专业作出了明确的阐述:"应把教育工作视为专门的职业,这种职业要求教师经过严格的、持续的学习,获得并保持专门的知识和特别的技术。"时隔三十年,1996年,联合国教科文组织召开的第45届国际教育大会,更加明确地提出,"在提高教师地位的整体政策中,专业化是最有前途的中长期策略"。在全球化的一系列改革浪潮中,人们越来越认识到教育改革的成败在教师,只有教师的专业水平不断提高,才能逐渐达到教育的高质量和高效益。近几年,长沙市推行了多种层次的"名师工程",定指标,限时日,造就一批各级各类的名师;又综合新的课程改革,从试点到大面积铺开,举办了有关的培训班、实践课和研讨会,使教师专业化发展的倾向更加突出了。然而,教师专业化发展最主要的是达成全体教师的共识,关键是把专业化发展内化成每个教师的迫切需求。本书介绍的优秀教师刘友华、喻沛、彭越、邓小兰、廖月红、杨喜梅、杨玲、张玉杨等,他们与时俱进,从具体教育对象出发,不断充实和优化自己的专业知识结构,主动自觉地提高自己的专业水准。特别是杨玲老师,在本职岗位上坚持业务学习,顺利地拿到湖南师范大学的研究生学历。深入考察一下作出了和正在作出突出贡献的当代优秀教师们的专业知识结构和专业能力结构,会发现他们各有其基础层面和特殊层面。专业知识结构的基础层面是科学和人文两个方面缺一不可的基本知识,文科教师必须具备一定的科学知识,理科教师必须具备一定的人文知识,有些大学加强通识教育也是这个意义。知识面宽的教师触类旁通,常常获得教学的机智与灵感,由此而激发学生各方面的求知欲,有意想不到的作用。专业能力结构的基础层面是清晰的思维与表达，教学内容的设计和教学方法的运用。专业能力结构的特殊层面是从学科和有关工作的角度。与别人沟通的能力，特别是显示专业个性与魅力跟学生的沟通能力，善于发现和发掘学生潜能的能力，以及动用先进的教育理念和整合现代化教育技术手段的能力。显然，教师的专业知识和专业能力是呈现综合状态的，是相互渗透支撑的，并且一直处于动态生成之中，需要教师长期以至终生投入教育实践，不断地反思、探索、积累和创新。当踏入优秀教师行列的时候，教师的专业发展就上升到教育智慧的境界而登上教育科学的殿堂了。

　　五、研究教师成长，激励教师不断学习。这里说的"学习"是一个宽泛的进修概念，我们常说的"进修"，往往仅指学习教师进修学院的课程，或者学习继续教育中各种各样的短期进修班课程，作为一种行政规定的进修，当然是不能拒绝的。但往往由于种种原因，效果并不很理想，有的只是积累几个过关的学分而已。在创建学习型社会的大环境里，教师应该成为最需要自主学习的人，应该勤于学习，善于学习，终身学习。20世纪90年代以来成长起来的教师，多数起点不高，不是说学历，而是指作为一个现代教师的才智和素养。已有不少教师在教学实践中深感自己的不足，认真对待，抓紧学习，不但弥补了刚当教师时的不足，而且朝善于学习的方向努力，实践着于漪老师的名言"一辈子做教师，一辈子学做教师"。学习确实会使人变成一个智者，一个学问渊博的人，一个有事业心和责任心的人，一个与时俱进的人。说到学习，当然首先想到的是读书，但当前教师的压力大，任务重，事情多，虽然要读书，想读书，哪里有时间读书，哪里静得下心来读书！一项对教师读书情况的调查显示，一天能用两小时以上学习的教师仅占8.7%，而一天只能用一小时以下学习的教师却高达70.4%，还有不少人根本不读书不看报了，这是多么叫人揪心的事！试想，今天早已不是用参考书照本宣科，或者靠旧教案上讲台就可以过日子的，对教师已有专业化的要求了，面对日新月异的现时代，功底再好的教师也无法吃老本了。观念和知识的更新需要读书，跟学生对话和沟通也需要读书，至于时代需要更多学者型、研究型的教师，需要更多的教师不仅称职，而且能够有所创新，这就更需要读书了。教师必须懂得"学高为师，身正为范"的得失观，忙于正务，忙于效率，科学地安排时间，才挤得出时间读书；还要翻阅报刊，上网浏览，尽量吸取新鲜的东西，做到时时关心社会，积极思考人生，不仅有学问，而且有见解。只有这样源头活水不断，天光云影多变，教育才能永远充满活力。还有个跟读书同等重要的是写作。这更是广大教师不足之处，据调查，教师除了评职称写的论文外，基本上不写文章，有80%的教师没有在任何地方发表过文章。优秀教师都是重视写作和善于写作的，刘友华、喻沛、彭越、杨玲、廖月红、张玉杨等，他们的文章能够说明一切。我们不要小看学校这块园地，每所学校都要建设自己的校园文化，写作的内容是很多的，教师本人生活在学生和同事中，读书心得可写笔记，上课得失可写后记，教育研究可写报告和论文，提炼生活可写小说和散文。而且经常写作的人，会进一步促进自己去读书，去思考，去观察，留心各种各样的人和事。真是"世事通明皆学问，人情练达即文章"，有写不完的材料，越写越能写，越写越有智慧，越写越促使自己与时俱进。教师应该而且必须先行动起来，教书育人，读书写作，使自己的生命更精彩，使中国的教师更优秀。

第二章

数学教师成长的主要途径

一、读书——教师成长的"润滑剂"

教育的发展要求教师走专业发展之路,教师的专业发展是贯穿在教师整个教育生涯中的一个课题,实现教师专业发展的过程本质上是一个学习的过程,而读书是最好的学习。

首先,读书可以帮助教师转变教育理念。教育事业在21世纪将对人类社会、时代发展具有前所未有的普遍、持久、深刻的基础性价值,因此它要求教师有高度的自觉性、责任感并进行创造性的工作。尤其要求教师具有明晰和正确的教育理念,要形成新的教育观、学生观和教育活动观,这样教师才可能"站在时代的高度认识自己看似平凡的工作,从平凡中感受为人类自身发展的教育事业之伟大",也唯有如此,才能具备真正自觉而高尚的师德。而新的教育理念不会在教师的头脑中自发地形成,必须通过学习,而读书是重要的学习渠道,正因为如此,近年来,我们不断组织教师学习《教育新理念》、《国际教育新理念》、《新课程中教师行为的变化》等书,并组织教师交流学习体会。教师们以新理念指导教育教学,一定程度上改变了教育教学的现状,一些教师也因此脱颖而出。

其次，读书可以更新知识，完善知识结构。在一些教师看来，掌握一门学科知识和相关的心理学、教育学知识，就可以胜任教师的工作。但是在知识迅猛发展的时代，教师要不断面对新的挑战，解决新的问题，就必须改变传统的知识结构。当代教育家叶澜提出当代教师的知识结构，即多维度、多层次的复合知识面及相互关联，包括科学与人文的基本知识，工具性学科的扎实基础和运用的技能、技巧，一至二门学科的专门性知识与技能，教育学科知识。要建立这种多维度、多层次的复合知识结构，读书是最好的选择。

再次，读书，可以帮助教师提高作为教育工作者应有的能力。教师必备的能力即交往能力、管理能力和教育研究能力。按照叶澜教授的解释，这些能力具体包括：理解他人和与他人交往的能力，他人包括学生、其他教师、学生家长、主管领导、社区人员等；规划教育活动的决策与设计能力，组织者与领导者的管理能力；研究学生及教育实践的探索能力与创新能力等。这些能力的培养和提高，还要靠教师多读书，通过读书获得相关知识，知识运用到教育教学的实践中，学习、实践、思索，达到知识向能力的转化。

最后，读书，可以帮助教师分享当代的教育成果，从而获得教育的智慧与灵感。例如美国哈佛大学教育研究生院教授霍华德·加德纳(Howard Gardner)于20世纪80年代提出了多元智能理论(The Theory of Multiple Intelligence)。这一理论向评估学生智力的传统观念提出挑战，对美国和西方国家当前的教育改革特别是中小学课程改革产生了极为重要的影响。加德纳不仅提出了多元智能理论，而且在美国组织了在多元智能理论指导下的教育教学改革实验。他主张学校应该成为"学生课程的代理人"，与学生、家长、教师、评估专家一起参与智能的开发。加德纳的多元智能理论及其关于课程开发的理念，为我国当前研究性学习课程的开发提供了一个全新的视角，引起了我国教育界的极大重视。这一理论对于我们教师理解、实施新课程新教材，以全新的视角认识学生,关注教育的文化性、差异性等方面具有很大的启发。聪明的教师由此可以在吸收的基础上创造性地进行教育教学,并在其中提炼智慧、捕捉灵感。

事实上,教育实践中,教师通过读书,在实现专业成长的道路上不断获得成功的范例很多很多,魏书生、窦桂梅、李镇西等就是其中的代表,他们的事例证明了教师读书的重要性:"教师不读书、尤其不读教育科学著作,意味着教育的运转肯定出了偏差。不读书,就意味着没有科研,就意味着非专业状态。"

随着课改的深入,教师们深切地感受到自身的差距,渴望提高自己的学识水平,我们根据教师们的需求及时开展大规模的读书活动,全区大多数教师都沉浸在"读一本好书、推荐一本好书、交流一本好书"的氛围中。读书活动分为几个部分:"好书美文推荐—汇编发布—经典导读—学以致用—相互交流—网上评选—建立文库"。我们为教师提供了实验教师必读书目,日本佐藤学教授的著作《静悄悄的革命》因此在长沙脱销。我们将教师们推荐的美文汇编成书,由市教育局领导取名为《给你一生的幸福》,免费发给全区每一个中小学教师,给他们提供了一份丰富的精神食粮。在读书活动中,我们还提倡各学科教师根据学科特点来读专业书籍,以弥补学科知识的缺陷,适应新课程的需要。比如中学数学教师,由于新教材中新增了很多统计与概率的内容,所以我们提倡教师读高中数学课本,读《概率论》;教材中新增了密铺等知识,我们又提倡老师们读数学文化史,了解有关数学文化的背景,以便更好地驾驭新课程……

二、勇于实践——教师发展的"基石"

"实践是检验真理的唯一标准。"只有教学实践才是教师专业发展的根基,没有这一根基,教师专业发展只能是"空中楼阁"。大凡有影响的著名教育家都是很注重实践工作的,如中国的陶行知,苏联的苏霍姆林斯基。我国著名教育家陶行知先生说:"行动是老子,知识是儿子,创造是孙子。有行动之勇敢,才有真知的收获。"陶行知先生在实践的基础上，将王阳明的思想翻了个儿，改为"行是知之始，知是行之成"。成功地实践了他的"乡村教育"。陶行知先生，原来是叫陶知行，后才改名为陶行知，这也是他的"行以求知知更行"的实践性哲学思想的重要体现。苏联教育家苏霍姆林斯基也是一位是具有三十多年教育实践经验的教育理论家，他既是苏联帕夫雷什中学的校长，又做过班主任，还教过许多学科。他所著的《给教师的一百条建议》一书，被称为教育教学实践研究之"圣经"。因为这本书是他专为解决中小学的实际问题、切实提高教育教学质量而写的。由此可见，勇于实践，又在实践中勇于探索，这才是教育科研的根本出路。

一般来说，教师获得专业知识和智慧的途径不外乎三种，即正规的学校教育，上岗前的培训，教学中的"做中学"。从我观察到的优秀教师成长经历来说，我认为第三种途径是最主要的，并能与时俱进，不断发展。正如杜威先生在《哲学的改造》一书中所说："智慧并不是一旦得到就可以永久保用的东西。它常常处于形成的过程中，要保持它就要随时戒备着，观察它的结果，而且要存着虚心学习的意志和重新调整的勇气。"

三、自我反思——教师发展的"助推剂"

什么是"自我反思"？北京师范大学肖川教授说："教师的自我反思是指教师对各种教育观念、言论、教育方法、教育活动、教育事实和教育现象进行的自主判别和认真审视，特别是对自己的教学实践进行检视和反省。"肖川教授在《教育的力量》一书中说：一个有事业心和使命感的教师，理当作为教育的探索者，其探索的最佳门径就是从自我反思开始。

教师的教学反思可以激活教师的教学智慧。没有反思，教师就不会有警悟，也不会有创新的意识和突破自我的勇气；没有反思，教师就无法摆脱自身职业的惰性和局限；没有反思，教师就无法寻找到自己行动的方向；没有反思，教师也无法成为充满自觉意识和创造活力的专业群体。著名心理学家林崇德教授从认知心理学、教师心理学的角度提出了

"教师教学监控能力"的概念，强调教师的教育工作，多一份反思和监控，就多一份提高，就与优秀教师更接近了一程。

教师自我反思的内容非常广泛，主要包括自身素质、教学行为、教学计划、教学评价、自身成长、学生发展等。目前，较常见的是教后反思，主要涉及课堂活动是否围绕教学目标来进行，教学目标是否达成，教学环境是否和谐，学生积极性是否被调动，能否在教学中及时掌握学生的学习状况和课堂中出现的问题，教学策略是否得当，教学效果是否良好，学生在学习过程中学到了什么，形成了怎样的能力，还存在哪些问题，诸如此类。据研究和实践证明，自我反思的具体方式有以下几种：教育叙事、反思日记、反思随笔、理论学习、微型教学、相互观摩、对话研讨等。所谓教育叙事，就是讲述自己教学的故事，在讲故事中暴露自己的问题，提出自己改进的想法。这样教师能更清楚地认识自己，能更有效地提高自我意识。反思日记是教师将自己生活工作上的经验、教训、困惑等反映在日记里，通过日记来激发自己进行批判的自我反思，杨玲老师的数学日记是中学数学教师自我反思的最好例证。

如何成为一名"反思型教师"？根据我的理解和体会，至少要做到"五个不断"：不断地读书，不断地探索，不断地学习，不断地总结，不断地创新。这"五个不断"不是互相分离的，在反思型教师的日常教育和生活中，是完全融为一体的，是一个有机的整体。

四、讲述自己的教育故事——教师成长的有效途径

从讲教育故事到进行教育叙事研究，是适合教师个体专业化成长的很好的途径。教学工作每天都在悄然进行，故事每天都在发生，也许某天一个很小的课堂事件，不经意感动了老师，感动了学生，感动了家长，感动了他人……我们指导老师们把亲身经历的教育故事，用自己的感情和理念，用自己的语言说出来，写出来，与大家一起交流分享。杨玲老师的数学日记，张玉杨老师的"让爱为教育插上翅膀"，彭越老师的教育故事，曾经感动了无数同行，同时也使很多老师体会到了什么是教育的宽容、理解和人文关怀……清水塘二小刘友华老师以"我的心路

历程"为题自编了一本长达近五万字的"第一责任人的故事集",以教学日记、课程故事和教育自传等多种叙事的表达方式,述说了自己在教学岗位上与新课程共同成长的经历和感人事迹。当老师们采用叙事的方式表述自己教学研究的过程和收获的时候,他们已经走上了个人专业成长的新的台阶。

第三章
数学教师成长的评价标准

教师成长的标准从不同的角度出发会有不同的标准，我认为无论社会对教师的要求怎样变化，总体来说一个成熟的教师应该具有以下几个方面的素质：

标准之一：在教学理念上有正确的学生观

知道学生是在不同教育、社会和文化背景中成长起来的，能运用学生如何学习和发展的知识来了解学生，尊重和承认每个学生的个性和价值，相信每一个学生都能够在数学上得到不同的发展，给所有学生提供公平和完整的学习数学的机会。

(1) 尊重所有学生，承认学生的知识能力和发展水平不同，能根据学生的不同经历、特长和需要进行相应教育。

(2) 承认每个学生都能学会数学，给所有学生提供学习知识和技能的平等机会，并能为每个学生寻找学习数学的最有效途径，不断向每个学生提出更高期望。

(3) 了解每个学生的特长，知道学生在学习中会运用不同的方法。在设计教学时，考虑学生能力、兴趣、思维等多方面的不同特点，据此进行有针对性的指导，注重分层次教学和因材施教。努力防止学生掉队，保证每个学生都有进步。

（4）知道如何改变教学，以适应学生已有的技能和经验；知道如何树立学生信心，鼓励学生学会应用数学知识解决实际问题；让学生明白数学有助于智力发展，数学在未来生活中将起重要作用。

（5）善于通过观察、谈话、家访等形式及时了解学生的心理特点和思想变化，及时适当调整课程和教学策略，提高教学质量。

（6）充分认识学生的主体地位，引导学生自己多尝试着去观察对比，实验操作，分析思考，亲身经历数学知识的形成过程，掌握数学知识的基本框架体系与发展变化规律。

标准之二：在专业发展上有广博的数学知识

明确数学观念及这一观念与数学、其他学科和现实世界中应用之间的重要联系，在数学概念、原理和技能等方面具有广博的知识，能及时对课程目标和教学体系进行反思。

（1）掌握的数学知识远远超过授课所需。非常了解学生的实际水平并引导学生掌握重点知识，了解数学方面的新进展。

（2）明白数学的中心概念和原理（数与代数、图形与几何、统计学和数据分析等），知道数学思维的基本步骤——审题、假设、建模、推理、结论、解释、分析，注重培养学生具备系统的数学知识。

（3）对基本数学观念有很深的了解，明白计算、规则、步骤、方法，不仅是规则，而且是学生理解问题的途径，能灵活运用多种多样的数学解题技能与技巧方法。

（4）熟练把握各知识点之间的内在联系，清楚各部分的重点和难点，能在教育教学中抓住知识的关键，注重各种数学思想方法和应用技能的教学，以探索的形式暴露知识的形成过程和内在规律。

（5）掌握相关的教育心理学知识指导自己的教学实践，注意数学与其他学科的联系，能把实际问题灵活地抽象建模，能帮助学生发现题目中隐含的概念和规律以及它们之间的重要关系，并把各种观念和方法应用到解决问题中。

（6）了解丰富的数学史知识，利用对数学的感情，使学生在探索过程中充满好奇和热情，并从中得到乐趣，巩固学习的信心。

标准之三：在教学实践中有丰富的经验

在扎实的教学实践中积累丰富的经验，勤于自我反思，不断积累提升教学经验，筛选教学策略，完善教学计划，规范教学评价。

（1）注重教材的分析和教学内容的优化整合。遵循学生认知规律，选用最恰当最有效的教学方法，高质量完成教学任务。

（2）善于了解学情，预见学生在学习中遇到的困难，并知道何时提供何种帮助。

（3）懂得如何与学生一起学习以及如何为学生选择适当的学习任务。知道如何组建有利于学生自学和相互学习的集体，有效组织兴趣小组的探索活动。

（4）能提供多种多样的解决问题机会，让学生进行各种技能实践，及时帮助学生克服学习上的困惑。

（5）能把数学与科学、社会研究等其他领域联系起来。通过丰富的跨学科教学，把各种学习线索串连起来，培养学生的综合能力。

（6）把实践经验应用于数学教学。注重在各种非正式的推理中使用数学模型，强调各种数学测算、运算、作图工具的灵活使用，增强学生应用数学的意识，突出应用的重要性。

（7）有较强的反馈矫正能力。优秀教师必须能根据教材和课标，结合学生实际情况，及时检测学生学习，反馈矫正教学和学生学习中的问题，促进师生共同发展。

标准之四：在教学风格上有成熟的教学艺术

教师要创造艺术的和有效的方法以完成教学任务，面对教学挑战。教学艺术是教师个人综合素质的反映，它表明教师在关心学生、教学热情、内容把握、应用能力、丰富知识和创新实践等方面均已十分成熟。

（1）把对学生的了解及学科知识和教育学方面的知识融合在一起，

并将其渗透在有凝聚力的、优秀的、令人激动的课堂教学中。

（2）能利用学生熟悉的生活背景设计生动有趣的课堂导入，有效调动学生兴趣和学习积极性，让学生主动参与教学过程。

（3）灵活地把握课堂，认真地设计使学生创造能力和创新意识逐步提高的教学内容呈现方式和递进性环节。欣赏学生的多样性，鼓励学生自主探索，合作交流，敢于质疑，张扬个性。

（4）不断监控和调整教学，根据具体的教学实践灵活调整教学计划和教学模式；注意听取同事和学生的合理化意见和建议，及时改进工作中的不足。

（5）注重学生的个性差异，能充分考虑学生的基础、能力、背景，力争使每位学生的思维能力和理解能力都达到更高水平。

（6）语言精练准确又不失幽默，启发诱导，善于和学生一起分享并交流探索知识的无穷乐趣。

（7）能通过多个切入点和多种途径，使学生所有技能都得到锻炼和提高。用清晰的思路及娴熟的方法，使学生时刻感受数学的内在美。

标准之五：在教学方法上有良好的学习环境创设能力

创设良好的学习环境和灵活有序的课堂组织管理能力，是优秀数学教师的必备素质。

（1）创设一种让学生在学习上积极向上、敢于冒险、解决问题时能享受到乐趣和成功的班级氛围。在这种课堂上，每个人都参与学习，发表见解，独立或协同工作。

（2）给学生一定的自主性，并使他们时常得到教师和同学的肯定与赞赏，鼓励学生猜测、实验、分析、假设、推理，构建自己的理解方式和思维模式。

（3）善于表扬、激励学生，使他们建立自信。时常通过作业展评、智力游戏、学习材料、课题研究等形式激发学生学习热情。

（4）能给学生提供合适的数学背景材料，以吸引学生，激发学习兴趣，从巧妙的实践活动和实例出发展开教学，设计的问题有针对性，有层次，和学生在探索交流中体验知识的形成和理解掌握知识的应用。

（5）知道学生学习中会出现的困难和问题，知道怎样使学生较好地理解和巩固新知识。能及时调整课堂节奏，灵活处理偶发事件。有意识地利用竞争性的丰富的数学活动，调动学习积极性，紧扣学生思维。

（6）选择合适教学法，制定切实的目标，运用恰当的评价，采取有效的措施和组织形式，使课堂活跃、有序、实用。能结合相关数学知识，对学生进行公民教育。

标准之六：在教学评价上有完善的评价方法

把评价融入促进师生学习的教学过程中。设计、选择和应用一系列正式或非正式的评价手段和工具去衡量教育目标；帮助学生认识自我，建立自信，有助于教师改进教学。

（1）把经常性的评价作为教育的一个组成部分，熟悉各种评价方法。根据学习内容和教学方法，选择相适应的评价机制，承认评价的重要性，并利用评价结果改进教学。

（2）经常为学生提供对所学知识进行反省的机会。有意培养学生的自主学习能力，让学生对自己的学习承担责任，并学会简要概括与总结。

（3）拓展多样化的评价目标和方法。把过程纳入评价视野，评价要关注学生学习结果，更关注他们学习的过程和在数学活动中所表现出来的情感与态度，帮助学生认识自我，充满自信。

（4）明确评价不是为了给出学生在群体中的地位，而是为了每一个学生在现有基础上谋求进一步的发展。评价要引导学生更多地关注解决问题的过程和策略，不断改进命题原则和考卷形式，与情景、开放性、建模、应用有关的问题得到越来越多的运用。

（5）要注重发现学生"好"的方面，多给学生鼓励，多让他们看到自己的长处和进步。评价要有助于学生认识到数学有趣、有用和亲切的一面。

（6）教师要通过对学生的评价，分析与反思自己的教学行为，从多种渠道获得信息，找到改进要点，提高教学水平，并进一步完善评价方法。

标准之七：在教育研究中有执著的科研精神

教师是学生学习的促进者，也应该是教育教学的研究者。优秀教师处于教学第一线，直接面对问题，更有利于开展教育科研。脱离教学研究，对自身发展和教学发展都极其不利。

（1）认识到教师的任务不仅是教学，教育科研更不仅是专家们的"专利"。先进的教育理念和教育模式都离不开教师的教学实践，优秀教师不能总是把别人的或原有的理论和经验用于自己的教学。

（2）在教学过程中要以研究者的心态置身教学情景之中，以研究者的眼光审视和分析教学理论与教学实践中的各种问题，对自身行为进行反思，对出现的问题进行探究，对积累的经验进行总结，使其形成规律性认识。

（3）重视问题解决与研究。在教育教学活动中能及时发现问题、分析问题，并努力探求解决问题的途径与方法，使教育教学得到及时的调整，从而有效提高教学的质量和效益。

（4）在推进新课改的过程中，必然会遇到一些前所未有的新问题、新情况，要能在变迁与复杂的教育教学情景中进行独立思考和判断，并通过研究寻找出最佳的教育教学行动策略和方案。

（5）要培养学生的创新思维和实践能力，教师应首先具有创新意识、创新能力和实践能力。执著的教育教学研究是教师持续进步的基础，是提高教学水平的关键，是创造性实施新课程的保证。

（6）要认识到教育教学研究的复杂性和长期性。要努力学习基础理论，借鉴先进经验，克服自身不足和各方面压力，执著追求教育教学新境界。

（7）主持或参与校级课题研究和校本研究，取得有价值的研究成果，研究报告通过结题鉴定或在县级以上会议交流、报刊发表。

标准之八：在数学应用上有灵活的数学应用意识

发展学生把数学应用作为自己了解周围世界的一种途径的能力。把教学重点放在让学生调查、探索并发现各种结构及其相互之间的关系，培养论证的灵活性和解决问题的毅力，创造和使用数学模式，将问题系统化，相互证明和交流结论等方面，以发展学生的数学理解力。

（1）知道一般概念和推理方法对使用数学工具的重要意义，利用对数学中各种概念之间相互关系的深刻理解和广博知识，帮助学生在掌握基本概念和推理方法的基础上，建立一套他们自己的数学方法。

（2）从巧妙的活动和实例开始，通过各种任务把课程中涉及的各种数学概念串联起来。帮助学生在实际经验和数学概念之间建立联系。

（3）注重在各种非正式的推理中使用数学模式，并强调其作为解决数学问题之基础的重要性，使用各种工具帮助学生发展推理能力。

（4）为学生提供在课堂上听讲、反应询问、互相讨论和共同解决问题的机会，发展学生的理解能力和解决问题的能力。设计的学习任务应符合学生的发展水平和客观条件，有助于他们形成一套解决问题的策略和方法。

（5）鼓励学生调查、合作、交流，以促进问题的提出和解决。

（6）在更加广泛的意义上发展学生的数学能力。把培养学生能力的多种目标巧妙地结合起来，在教学中让学生解决问题，交流推理过程，找出概念间的联系。

标准之九：在治学态度上有谦虚的合作态度

以谦虚的态度，让家庭和社会参与到对学生的教育中来，最大程度争取他们对教学的支持；积极与其他同事合作，相互尊重，相互学习，团结互助。

（1）有效协调人际关系并与他人沟通。除了与学生建立平等的、合作的、良好的师生关系外，还要与领导、同事、校外的学生、家长及其他人员保持适当沟通合作。

（2）注重家庭、学校、学生三者关系。尊重家长，把家长看作鼓励促进学生学习的合作者。经常深入家庭了解情况，从家长处不断得到有关学生能力、兴趣、习惯等方面的信息，与家长保持密切联系。

(3) 承认家庭和社会的参与能使学生获得更丰富的学习经验，从而有助于教学目标的实现。积极创设不同的、开放的环境让家庭和社会成员参与到教学活动中。

(4) 与同事共同研究教材教法和学情，合作设计教学程序。不同年级、不同学科的教师要相互配合，齐心协力培养学生。不仅要教好自己的学科，还要主动关心并积极配合其他教师的教学，使各学科、各年级有机融合，相互促进。

(5) 具有为教育事业献身的精神和对学校高度负责的态度，通过相互讨论、定期检查、评价课程等方式，确保课程质量和教学价值。

标准之十：在教学行为上不断反思、学习，发展完善

经常对教学进行自我反思，紧跟数学发展的最新形势，不断学习新的数学知识，改进教学实践，使自身素质逐步提高并向高层次发展。

(1) 知道教学反思是专业发展和自我成长的核心因素，不断对各种教育观念、言论资料和现象进行优劣比较、价值判断或提出改进意见。

(2) 对自己的数学教学进行经常性的自我回顾与小结，积极推广优秀的教学模式，努力完善数学教学。

(3) 善于与同行交流，学习借鉴他人经验。不断学习新知识，加深对数学的理解，并把成果应用到教学设计和教学实践，不断吸收、筛选符合学生需要的观念和方法。

(4) 设计和使用各种方法，定期收集有关教学的信息，通过观察学生对教学内容和教学方法的反应，分析考试结果，观摩同行教学等手段，认真检查，反思自己的教学行为；在不断的自我检查中修正教学实践，使自己的教育教学思想不断完善，教育教学水平不断提高。

(5) 在实践中根据数学本身的发展和教育学理论的发展，不断学习，不断创新，以适应时代要求。通过不断学习，顺利解决实践中遇到的新问题。

下篇
数学教师成长的个案叙事

个案1　享受教育在"悟中"

姓名：刘友华
所在学校：湖南长沙市清水塘第二小学
从教年限：18年
最喜欢的书：《给教师的建议》
最喜欢的休闲方式：旅游、运动

第一部分　我的成长之路

1994年，我以优异成绩成为湖南一师留在长沙工作的首批毕业生。因为挚爱数学，所以顺利成为一名数学老师。

在工作的第二个月，我到一所小学听了一堂数学课。回到学校，我把那位老师上课的亮点放进了我的课中。凭借这一课，我获得了学校青年教师比武的第一名，并代表学校参加区里的教学比武，结果没能冲进决赛。之后我又两次作为学校代表参加区里的比赛，结果还是一样。我发现，每次比赛能进入决赛的机会只有五分之一，机率太小了。于是我不再热衷于参加比赛，而是将更多的时间放在平时的常规课上。我设计合理的教学过程，引导学生积极思考，大胆表达自己的想法，觉得每节课都是一种享受！

学校基于对我的信任，让我把两个二年级的班带到了毕业。据说这是一个特例，学校从来没有让一个年轻老师带毕业班。那时学校没有什么杂志和书籍，更没有网络，但是毕业班抽考排名的事我一直牢记在心。所以，工作之余我就是看教材，想教法，做课前准备，辅导学生。那时没有什么检查，也没谁指导、监督，日子充实而平淡。我的学生在五年级和六年级的全区抽考中成绩名列前茅，我的工作得到了学生、家长、同事及领导的好评。在我的第一届学生进入中学时，我获得了大专自考文凭以及华中师范大学教育管理本科录取书。这几年的教学经历让我明白：

常规课永远比竞赛课重要

眼看本科文凭就要拿到，年轻的我开始思考自己未来的路。想着以后就那样年复一年地教书，真是索然无味。于是我试图去考研，试图重新寻找自己的梦想。就在此时，国家新一轮课程改革开始了，开福区成为全国第一批课改实验区！我被调入了区里的一所重点小学，成了一名实验教师。

清晰地记得，在国防科大礼堂里，我见到了全国著名教育专家叶澜、肖川教授，还上台参加了和专家的互动。专家们描绘的教育理想太美好了，使我非常向往！我被他们那种对教育执著的爱深深感动了！是啊！中国那时的小学数学课程，教师的理念，评价的方式，确实有太多的不足！新一轮课程改革需要我们年轻教师的参与和实践！翻开北师大版教材，我不禁感叹：数学书可以这么漂亮！里面很多游戏、实践活动及方向与位置的内容。只看一眼，我就被深深地吸引了。一口气将教材和教学建议读完，我欣喜地发现：新教材教学建议中的很多内容不正是自己经常在课堂上尝试的吗？教材中每节课的课题不再是几加几或几减几，而是小猫钓鱼、动物餐厅等生活情境课题。这样的课堂是怎样的呢？我想象着、期待着……

因为没有现成的教案,所以我不得不认真看教材,看教参,想教案。第一册第一节课是《可爱的校园》。根据教学建议,我带学生欣赏了美丽的校园,引导学生观察校园里有什么,有多少。原认为学生会很吵,没想到他们很乖,看得也很仔细。汇报时,孩子们大声地说:"有一个滑滑梯,有八盆花,有三扇门等。"我只看见两扇门,怎么会有三扇呢?"咦,老师!左边的大门有两扇,右边还有一扇小门,合起来是三扇。"哦,原来如此!我竖起大拇指。根据这次实践活动,我写了一篇教学札记——《从室内走向室外》,结果被刊到开福课改实验通讯第一期。从来认为自己学数学可以,但写文章比较糟糕的我竟然发表了文章,那种感觉真是幸福极了,心里像吃了蜜一样甜!

有了这次成功经历,我更加愿意研究教材,探讨教法。参与新课程后有个明显的优势:可以经常请教研员听课、评课,及时请教教学中遇到的问题。不久,市里举行首届新课程研讨会,我的《比多少》一课被选中。在同事的帮助和教研员的指导下,《比多少》一课赢得一等奖!从来没有冲出区赛的我竟然获得了市赛的一等奖!这是我过去不敢想象的,也是我梦寐以求的。就这样,我的生活重点从考研又回到了教学上。白天上课,看教育杂志,晚上写教学反思,准备第二天的课,成为我简单又充实的一天。看到其他年级老师每天板着脸,批改千篇一律的作业,我从说、做、玩、写、记五个方面尝试设计不同的家庭作业,孩子们做得不亦乐乎!根据这次实践,我写了一篇题为"新课程、新作业、新设计"的文章,发表在《全国课改实验通讯》和《小学青年教师》上。把"比多少"、"左右"等四次公开课的教学过程整理后,又发表到了《新课程案例》上。看到这本在北京出版发行的新课程数学案例上有四个刘友华的名字时,不禁为自己感动!接着,我将一些教育故事及教育实践投给《小学青年教师》杂志社,竟然又几次发表到"国家课程改革之窗"栏目中,那可是最重要的栏目呢!2003年,小学青年教师的编辑问我能不能写一篇教学案例,我根据自己送教下乡的经验,写了一篇题为"一堂没有课件的公开课"的案例,收录到了《全国名师教学案例》中。看到自己的习作和全国著名的特级教师作品刊在一起，真是幸福极了！还有一次，我应邀撰写二年级下册的名师同步教学设计，最后，全省只有我的两篇教学设计被选中。看到自己的文章连续发表在国家级的杂志上，真像做梦一样！这，更加激励我在教学领域里实践，反思，再实践，再反思！在那个既付出又收获的过程里，我逐渐领悟了教育教学的真正含义，我发现：

写作原来是一件幸福的事

课改前，我如果要上公开课，总要试几次。课改后，我一个学期有时要上七八节公开课，时间根本不允许我试讲。很多时候是想好课、做好课件就开始上。每次上完课，能得到教研员、专家引领是我最大的收获。说到专家引领，我不禁想起2002年的全省课改培训会上，我应邀上了唯一的一节数学课。课上学生兴趣浓厚，表现非常活跃，效果不错，我比较满意！评课中，外省的教研员明确指出，教师的评价太单一了、没有发自教师的内心，都是一些你真棒、你不错、顶呱呱等。这些固然可以，但太形式化，评价应该是真实的情感交流，不是几句没有感情的套话。然后他播放了一个老师的录像课，那位老师的评价语言有：你真了不起、我真服了你、你总给我惊喜等。相形之下，我的评价语言太单一了。在后来的教学中，我特别注重自己的评价语言和评价行为，并根据实践和体会撰写了《发挥评价功能，让数学学习成为一种幸福》一文发表在我最喜欢的《小学青年教师》杂志上。现在想想，其实录像课中老师的评价还不够好，教师可以更加关注孩子学习的过程，可以说"你的想法很有道理，老师都没有想到"，"你能坚持自己的想法，为你高兴"等。还有，"激励的效果很多时候不仅仅取决于老师的'表扬'指数，而在于自我肯定"。（施银燕语）

2003、2004年，是我教学水平快速上升的时期。期间，我获得了自己教书以来最大的荣誉——区首届明星教师。那次明星教师的评选是在全区中小学中开展的，经过多轮评选，我以综合成绩排名第二的身份当选！这对于年轻的我来说，是一种意外的收获！我从来没有想过自己能够评上，我只是把这个评选的过程当作锻炼的机会。在获得明星教师的荣誉后，我上的接待课更多了，市里、区里、学校各种级别的接待课都有我的份。慢慢的，我在课堂中更加自如，有时随堂课都能够得到领导的至高评价。2004年我作为开福区唯一代表参加首届星辰杯教学比武，获得第二名。当时参加比赛的有长沙地区高中、初中、小学、特殊学校、幼儿园的四十多位代表，《三湘都市报》两次报道我获奖的消息，教育电视台也几次采访我。我还受邀到湖南凤凰、岳阳、祁阳、衡阳、张家界等地上新课程示范课，讲述我的课程故事；到山西吕梁做北师大版教材分析；多次送课到农村小学！2004年9月，教育部沈白瑜处长来开福区做调研，我作为唯一的教师代表作了5分钟的发言，沈部长对我的发言非常满意，接着向我提了很多问题，对开福课改留下了很好的印象。我发现：

用心思考的忙碌其实是成功的前奏

2005年1月，全国"以校为本的教研制度建设"会议在我校召开，学校需要提供一节数学课和整个教研活动的开展过程。这是我区迎接的一项最大的展示活动，到时有全国课改试验区的代表和教育部刘坚教授参会。教研室决定由我上课，但是我当时刚刚怀孕，妊娠反应重。领导们考虑到我的具体情况，决定由另一位老师上课，而我则当主持人。没想到，当主持人比上课还辛苦，要想好每一句话，要调控好时间，要随机应变，每次试讲都要参加，每次和这个活动有关的会议都要参加。有几次是天黑了才散会，站在寒风中等"的士"都要半个小时。等回到家，我都不能坐，只能躺着，让我先生喂饭了。想想能够享受这么高的待遇，很幸福。后来，我非常成功地主持了这次会议。一位浙江的老师在会场中问我区的教研员："这个主持的老师是这个学校的吗？主持得非常好！"我们教研员坚定地回答："是的是的，是这个学校的。"此次会议的光盘由湖南音像出版社公开发行。感谢这次机会，挖掘了我的主持潜能。后来我还多次成功主持市、区、学校的校本研训活动！

2005年4月，我校正在迎接区里的督导评估工作，这是学校最重视的工作。当时的我已经怀孕7个月了，一些好心的同事劝我早点休产假，不要太累了。而我的想法是，只要保持好的心情，不仅不会累，还可以给小宝宝很好的胎教呢！后来，区督导评估团真的听了我的课，我的课被一致评为优等！在休产假期间，学校迎接省里的检查，需要我辅导数学老师上课，我毫不犹豫地接受任务，多次往返于家和学校。虽然有点累，但是我觉得这是一种被信任的幸福！在休产假的那段时间，我看了不少育儿和中医书籍，被家人笑称为刘医生。我发现：

教育是和中医是相通的：顺其自然最好

2006年到2007年，我生活的重点是带孩子。我上的公开课都是几年前上过的，不需要思考；我也不再乐于思考，开始向往普通教师的生活。可以说是遇到了职业发展的瓶颈期。

我开始读一些心灵成长的书籍，开始重新面对自己的内心，开始在放弃梦想和坚持梦想中徘徊！

在我迷茫时，区小学数学名师工作室成立了，我有幸成为首席名师。面对突如其来的荣誉和压力，我选择了勇往直前，因为我知道自己是从内心喜欢数学教学研究的。曾经拒绝到国家级舞台上上课的我，开始尝试将自己的课堂展现在全国教师面前，曾经止步于教学研究的我又开始了观察、尝试、研究、总结。2010年5月，我有幸成为湖南参加新世纪小学数学第九届教学竞赛的唯一代表。我选择了挑战性很大的《三角形的稳定性》作为研讨内容。在试教初期，效果并不理想，有老师提出：三角形的稳定性和确定性有什么关系？当时我回答不了。于是有老师提出我们自己都不明白那怎么教呢？是不是换一个内容？而我的想法是：正因为我们不太明白，全国也很少有老师研究过，所以才更突出这节课研讨的价值。正在我痛苦挣扎的时候，我参加此次赛课的指导老师——华应龙给我回信了，华老师说："内容不用换，稳定性是'表'，确定性是'里'。"

有了华老师的肯定，我开始更加深入和认真的思考，慢慢地我的思考得到了同事、教研员及数学教学法教授的支持。华老师给我的教学设计写下了题为"好课就是这样"的评语!

2010年端午节,我的《三角形的稳定性》在湖北宜昌一千多人的会场里赢得了热烈的掌声!第二天,我应邀主持了上午的教学竞赛和教师互动环节。大方的形象和专业精炼的语言得到了与会老师的高度好评。散会后有几位老师纷纷问我那些教具是怎么做的,还说终于明白什么是三角形的稳定性了,听这节课是收获最大的。后来,我在几次会议中都见到了华老师,听到了华老师的课和讲座。他真诚的言语使我对教师职业及人生价值有了新的思考。

为了带领工作室很好地开展教学研究,我经常请教北师大数学工作室的任景业老师以及我区教研员易虹辉老师、湖南第一师范学院胡重光教授,他们总是能给我很好的建议和引领。感谢曾经帮助、鼓励、指导我的领导、老师、朋友;感谢多次外出学习的机会,让我开阔眼界,摆脱职业倦怠,突破发展瓶颈。我明白:

充满激情的教育生活来源于挑战和探究

2010年教师节,我收到了《长沙晚报》给我的一份礼物:一个刻了我名字的笔筒,上面写着"刘友华老师——学生心目中的好老师"。开始,我以为他们弄错了,后来才知道我以前的学生写的一篇文章《想念你,亲爱的老师》发表在《长沙晚报》上,记得文章最后部分是这样写的:"您就像一个葡萄架,引导我知识的瓜苗向上生长。我永远忘不了您那期待的眼神,永远忘不了您那形象的比划,永远忘不了您那亲切的笑容!老师啊,您就像一颗明亮的星星,照亮了我心灵的天空!想念你,亲爱的老师。"读完这篇文章我感动得眼里充满泪水。这个泪水不仅仅是一种被认可的喜悦,更是一种内疚。因为我曾答应他们:到二小工作后会常去看他们,但是因为工作繁忙一直没能去看望他们,甚至连我答应和他们拍毕业照的诺言也没能实现。因为那一天,省教研员来听我参加全国比赛的试讲,等我忙完后,已经错过了和他们拍照的时间。写这篇文章的孩子,我已有两年没有见到她了,她也没有告诉我这篇文章发表在《长沙晚报》上。每当我累了的时候,不想坚持的时候,总是会想起这篇文章，想到这篇文章和我那些曾经的学生，我的心就会很快的平静而且充满幸福。我知道：

当一个老师可以如此幸福

2010年11月份，我应邀参加了湖南省三十所名优学校送课到革命老区平江的活动。上课内容是当地学校指定的"笔算除法"。那天教学效果非常好，我将教学过程整理成了一篇教学案例《计算教学可以如此美丽》，收录在《小学教学·数学版》的名师新秀教学案例专号。2011年5月，我被推荐参加湖南省青年教师成长论坛，《湖南教育》李统兴博士看到我的讲稿后，提出"悟"是我与其他教师不同的地方。或许我的悟性是不错？悟的含义是：理解，明白，觉醒。悟性高也就是理解能力、觉醒能力高。我知道，一个有所作为的人，光有悟是不够的，还需要勤奋。我知道，今天的成功是因为昨天的积累，明天的成功则依赖于今天的努力。世界上有一类人，他们有明确的人生目标，有坚强的意志，并能付出异于常人的刻苦，他们往往能取得成功。而我不属于这一类，我是一个没有目标的人，但是我喜欢"活在当下"。我只是把该做的事做好，至于结果怎样，我不太在意。或许正是这样的心态，才让我更好地认识自己的教师职业生涯，让我有更多的机会体验教育的真谛！

第二部分　我的研究之旅

基于学生学习起点的课例研究

"课例研究"看起来是简单，实际一堂课还是有很多的切入点，有很多的研究方式和方向。到底从哪个维度进行研究，才能让课例研究有价值和收获，才能引发同行的思考？新一轮课程改革已经进行了十一年，对于理论我们已经接受和熟悉，大家看过的课上过的课不少，为什么很多老师按照一些成功的课例实践，却达不到我们预期的目标呢？为什么有的老师上完课，听了不同专家的点评，按照专家的建议修改后，课堂仍然达不到自己理想的状态？课例研究已经将研究的范围缩到很小了，但是一堂课中间所包含的内容又是十分丰富的。有学生层面，有教师层面，有教学方式及教学手段层面。我们的课例研究从哪个层面入手呢？苏霍姆林斯基说过："教育的具体对象是一个具体的学生。"唯有读懂学生的数学学习心理，才能"以学定教，顺学而导"，真正实现"以生为本"的教育理念，有效提升学生的数学素养。因为很多数学老师的心理学知识有限，所以要想读懂学生数学学习心理也是一件很难的事。根据以往的研究经验和对现实的分析，我决定将自己的研究方向定为"基于学生认知起点的课例研究"。

如何进行这样的研究呢？首先是观察日常教学中老师们的困惑；收集学生在学习中出现的典型错误；与老师们进行交流，讨论出现某些现象的原因；然后确定一项教学内容进行重点研究，研究过程包括课前调研、课堂实践、课后讨论和交流以及得到的思考和发现的真问题。下面，和大家一起分享我和我的团队开展的一次"面积"教学研究。

一、问题

"周长"和"面积"是小学数学中两个重要的"原始概念"，在三年级的学习过程中，学生似乎掌握较好。但是到了高年级，又常常有学生出现计算方法混淆或单位用错的现象。尽管老师们再三强调，可在后续的学习中依然有一些学生出错。问题出在哪儿呢？为了找到现象背后的真实原因，我们就下面4个问题对四、五年级学生进行问卷调查。

问题一：什么是面积？（可以画图、举例或用文字表达。）

问题二：什么是周长？（可以画图、举例或用文字表达。）

问题三：如图1所示，把一个长方形框架拉成平行四边形，这个平行四边形和原来的长方形相比，周长和面积有变化吗？说说你的想法并加以解释。

问题四：小明家有一幅长60厘米，宽30厘米的画。做画框至少需要准备多长的木条？框里的这幅画有多大？

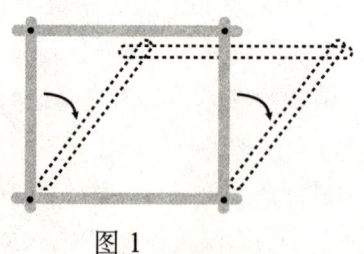

图1

从这次调查结果中我们了解到：学生能清晰地表达面积、周长的含义；问题三，大部分学生也能给予合理的解释；问题四，学生都能算对面积，但周长有出错的，表现为单位用错（将周长单位写成了面积单位）。看来学生对面积和面积单位的含义并没有老师想象中那么理解到位，否则就不会出现将周长单位写成面积单位了。而且有不少老师反映，到了五、六年级学生将面积单位和周长单位混淆的情况更加突出。经过思考和讨论，我们再次对四年级学生（全班53人）进行了问卷调查："长方形的面积计算公式是长×宽，为什么用这个公式就能得出长方形的面积？"很多学生讲不出道理，理所当然地认为面积就是这样求的，有学生说是老师告诉我们的，还有学生回答说是科学家研究的、古人想出来的。只有5人（约9%）能较为清楚、准确地说明长方形面积计算公式的来历。大部分学生对长方形的面积计算公式仅停留在机械记忆的层面，他们不清楚面积也是通过测量得来的。

通过以上调查，我们认为：无论是不能准确地解释长方形面积计算公式，还是不能正确区分周长与面积的问题，其主要原因都是学生对面积的本质意义的理解存在问题。"物体表面或围成的平面图形的大小"这一句话，作为学生理解面积本质含义的唯一抓手，似乎还不够。周长研究的是一维图形，即线的研究，本质是首尾相接；面积是二维图形研究，本质是密铺。因此，要解决学生在面积概念的认识和应用过程中出现的问题，还得从三年级"面积的意义"一课开始研究。

二、实践

（一）课前调查

怎样才能更好地促进三年级学生理解面积？我们在三年级（全班53人）学习面积之前进行了调查，力图找准学生的起点，进行合理的教学设计。

调查情况如下：

问题一：你知道什么是面积吗？（可以用画图、举例、文字叙述或者你自己喜欢的方法说明你对面积的理解。）

调查结果与分析：

（1）认为面积就是周长，用计算周长的方法求面积。执这种观点的共21人，占40%。

（2）认为面积是体积（其实学生对体积也不太理解）。执这种观点的共5人，占9%。

（3）认为面积仅指立体图形一个面的大小。执这种观点的共8人，占15%。

（4）能正确解释面积的，共14人，占26%。

（5）表达不清晰的，共5人，占9%。

分析：大部分学生认为周长即面积，认为面积的大小也是像量线段的长短一样，面积计算方法也是将量得的长度相加。面积的大小确实也是需要去测量的，但却不是用直尺上的长度单位去量再相加，而是要用单位面积大小的一个个面去量。我们在实际计算一个面的大小时，通常不是用面去量，而是通过量线段的长短（如长方形的长和宽）再去计算面积的大小。对于量长度学生有很多的经验，但是用一个面去测量，学生基本没有直接经验。怎么才能让学生理解用面量和用尺量的区别和联系呢？我们认为，必须为学生提供学习材料，设计动手操作的活动帮助学生积累活动经验，建立一维的线和二维的面之间的联系，从而知道选择合适的面的单位去量图形的面积，去数面积单位的个数，进而得到面的大小，能用自己选的单位去描述面的大小，经历统一单位的必要性，深入理解面积的含义。另外，从调查中可以看到，学生认为图形或物体上面的面才有面积，对于物体的侧面或下面不能确定，因此教学中教师应该将这个现象拿出来让大家辨析，从而让学生对面积有深入全面的认识。

问题二：比较每一组图形，给你认为面积比较大的图形打"√"。

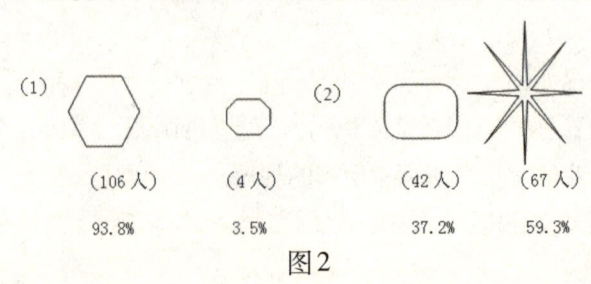

（1） （106人）93.8% （4人）3.5% （2） （42人）37.2% （67人）59.3%

图2

调查结果与分析：

如图2所示，第一组图形不管是周长还是面积，都是左边的大或者长，虽然没有学习过面积，但是学生基本能正确判断。第二组图形则不一样，围成左图的面虽然大，但是围成图形的线段短；围成右图的面虽然小，可是围成图形的线段却很长。调查结果是认为右面图形面积大的占大多数，说明学生对于面的大小认识不清晰，还是凭借周长的比较方法，得到右图面积大的比较结果。因此，在教学中，教师一定要让学生明白和理解周长是线段的长度，而面积是用线段所围成的图形的大小。长度可以用尺来度量，用一定的长度单位来描述和表达，那面积该用什么度量和表达呢？因此，在教学面积时一定要让学生有度量的意识，有发明、创造、学习度量面积单位的强烈欲望，从而明白面积单位必须是一个面，而不是一条线段。针对这些现象，教师可以设计一些"数格子"比较面积以及数线段比较周长或者一些周长和面积比较的练习，让学生在头脑中形成对周长和面积的丰富表象。

（二）教学实录

1. 导入

师："老师家书房占地面积9平方米""三（1）班教室地面面积是48平方米""我国的陆地面积约960万平方千米"这三句话中都提到了"面积"，在这里"面积"指的是什么？

生1：在这里面积指的就是宽。

生2：面积就是底乘以高。

师：看样子你在课外学的知识真不少。这里的面积都是指的地面的大小。今天我们就一起来研究面积。

2. 感受面

师：用手去摸一摸你的桌面。你是怎样摸你的桌面的？

生1摸了桌面的某些区，生2摸了桌面的四边。

生3（边摸边说）：要这样一圈一圈缩小范围地摸。

师：也就是要将桌面的整个地方都摸到，这样才是桌子的表面，对吗？

生：对。

师（拿出一本数学书）：这是数学书的封面，请摸一摸它的封面。

（学生动手摸数学书的封面。）

师：谁来说说，你是怎样摸数学书的封面的？

生1：（从外面一圈一圈地摸）这样摸的。

师：那也就是说封面所有的地方都要摸到？

生：嗯。

师：地面的大小指的就是地面的面积，桌子表面的大小就是桌面的面积，封面的大小就是封面的面积。

师：你能不能找一个物体，找一个它的面，你来说一下它的面积？

生1：这一面是桌子的面积，桌子表面的面积。

生2：这张纸，白色的纸，它的面积是这部分。

生3：这个信封的表面，正面的面积，还有反面的面积。

师：这个信封的面积就是正面的面积加上反面的面积。

师：老师这里有个墨水盒，谁来说说它表面的面积在哪里？

生：前后上下左右这6个面积加起来就是它的面积。

师：那墨水盒表面的面积是多大呢？我要知道可以怎样办？

生：把墨水盒剪开，压平。

师：那好，老师就将它剪开，（师剪开墨水盒，打开贴在黑板上）这个墨水盒表面的面积就是……

生：黑板上6个正方形的面积。

师：接下来，看看这个茶叶盒（圆柱形），它表面的面积在哪里呢？

生1：是上面的圆面积加上下面的圆面积。

师：还有吗？这个面是曲曲的，是它的面积吗？

生：是的。

师：这个茶叶盒的表面面积应该是上面圆的面积加上下面圆的面积，再加上茶叶盒这个曲曲的身子的面积。物体都有面，物体表面的大小就是它的面积。这个黑板表面面积和数学书封面的面积，哪个大些？

生：黑板表面的面积大。

师：现在我们对面积的理解与课前咱们对面积的理解还一样吗？

生：不一样。

师：我们一起看一看几个同学在课前对面积的认识。这是谁的作业？谁能看懂她画的意思？

生1：我猜她是把物体放在一个平面上，然后来观察它的大小。

生2：我猜看它外表的面的大小，西瓜的面就是西瓜表面的大小。

师：今天我也带来了跟他们很相似的东西，看，这是什么？

生：橘子。

师：我用橘子代替西瓜，草莓，那这个橘子表面的面积是指哪里？

生1：这里，和这里（摸上面、下面和侧面）。

生2：整个橙色的部位都是它的面积。

生3：橘子的面积就是橘子皮的大小。

师：我们现在就把橘子的皮剥下来。（师剥下橘子皮）这个橘子表面的面积就是剥开后这个皮的大小。同样，西瓜表面的大小就是西瓜皮的面积。注意，这里的面积通常被称为"表面积"。

师：看第二个学生的。他画了一个长方形，边缘还用红色的笔标记出来了，他写道：边缘就是它的面积。

生1：错了，这是周长。

生2：应该是指里面的大小。

师：老师现在用镜子来代替，这位同学说的边缘在哪里？

生：（用手将四边摸了一圈）他的面积指错了，这是周长。

师：对了，我们可以用一根绳子围起来，绳子拉直是线段，我们可以量出它的长度，这个边缘就是它的周长，而不是面的大小，不是面积。

师：那就是说，这个同学的理解是错误的，这位同学把我们学过的周长与面积搞混了。

师：我们再来看看这个同学的（课件，如图10所示），他画了一幅图，说面积是一个图形的四周线条围的区域的大小。那你觉得呢？

生：是的，是涂上颜色区域的大小。

师：我们再来看这个同学的（课件，如图11所示），他画了一个长方形，他说这幅图的面积是黑色部分的大小，他说的对吗？

生：对。

师：所以说，不仅物体表面有大小，我们画的图也有大小，面积是这些物体的表面或图形的大小。

3．比面积大小

师：这有一个正方形和圆（课件，如图3所示），哪个面积大？

生1：正方形。

师：说完整。

生1：正方形的面积大。

生2：一样大。

师：你怎么确定？

生3：把圆放在正方形的上面就知道了。

师：你的意思是什么？

生3：重叠。

师：老师这里正好有这样的正方形和圆，我们来重叠看看。（师将圆片和长方形片重叠在一起：圆是正方形的内切圆）谁的面积大？

生：正方形。

师：这两个图形（课件，如图4所示），哪个面积大？

生1：两个图形一样大。

生2：长方形面积大。

生3：正方形面积大。

生4：需要动手。

师：那我们要动手试试。（师拿出长方形和正方行的彩色纸片）你们想怎样去比呢？

生：把它们重叠在一起。

师：还有其他方法没有？

生：把长方形长出的部分剪下来贴到正方形少的地方。

师：嗯，这方法也不错，那还有别的方法吗？

学生都在积极思考，陆续有6个学生站起来回答，但是说的方法都是重叠，只是重叠的步骤有点不一样。

师：这些方法都可以说是重叠，还有什么不同的方法吗？

生：用尺子量。

师：怎么量？

生：量它的边。

师：长度是用尺子量的，那么面积的大小能不能也找到这样的尺子？

生：先量两条边然后再相乘。

师：哦，这个是后面我们才学习的知识。

师：（等待片刻后）我提醒一下，这两个图形都很大，可不可以找一个小图形来量，看长方形里包含有几个这样的小图形，正方形里包含有几个小图形，哪个多一些，面积是不是就大？

生：是。

师：你想用什么来量？

生1：用改正贴的盒子。

生2：用橡皮擦。

生3：用小正方形。

师：拿出你们课桌里的学具袋，学具袋里有黑板上的长方形和正方形，也有小正方形、小三角形，你们可以用它们来量，也可以用你自己的小图形来量。

（学生动手量。）

师：量出来没有？结果怎样？

生1：长方形大一些，正方形小一些。

师：说得完整点。

生1：长方形的面积大一些……

师：你是用什么量的？

生2：小正方形。长方形用了10个，正方形用了9个。

师：下面我们来看，刚才我们用小面积的图形来量大面积的图形。还有没有更简单的方法？

生3：我是剪的，把大的长方形和正方形都剪成小正方形。

师：你们觉得这个方法怎么样？

生：还难一些。

师：的确麻烦一些，但你们说说这个结果是不是正确的。

生：虽然剪碎了，但是合起来还是以前的面积。

师：是的，看来对一个图形进行剪拼，不会改变图形的面积。

师：大家用没用这个方格子纸？（师拿出学生学具——由很多个1平方厘米组成的透明长方形油印纸。）

生：用了。长方形是40个方格大小，正方形是36方格大小。

师：刚才是用这个正方形小方格去量是36个，用这个小正方形纸片去量是9个，这是怎么回事呢？

生：因为小正方形纸片比小正方形方格大一些。

师：也就是我们去量的正方形大小不同，量出来的个数也不一样，但结果都是正确的。

师：看这个3个图形（课件，如图5所示），谁的面积大？

生：一样大。

师：面积一样，形状呢？

生：不一样。

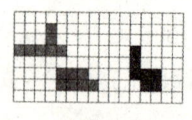

图5

师：你们觉得周长一样大吗？认为一样的举手。（一半同学举手）谁来指一下周长？

学生指出图形的周长并数出周长有多长。

师：周长一样大吗？

生：不一样。

师：（课件，如图6所示）哪个面积大？

生：一样大。

生：（大部分）上面的那个大一些，因为上面那个多了一些。

师：周长呢？

生：一样大。

4．课后调查

图6

（1）你这节课了解了些什么？

（2）你还有什么不明白的问题或者你还想了解关于面积的一些什么问题（学生写感受）。

三、思考与讨论

1．要通过量、数等活动丰富学生对面积的认识和理解。

在面向六年级学生的检测中，不少孩子将周长和面积计算方法弄混了。但是在本节课中的两个对比周长和面积的问题中，尽管仍然有些学生弄错，但他们还是很快就自己领悟了正确答案。而且他们还知道了：比周长是要看线的长短，比面积要看面的大小，相信这个班的孩子以后能更好地区分周长和面积。本课教学中，教师并没有像我们平常那样，反反复复地要求学生重复教材上那句定义"物体的表面或封闭图形的大小，就是它们的面积"，而是更多地把教学重心放在"数面积""量面积"的体验活动上。铺长方形、正方形、三角形，数单位个数、量面积等等这些操作活动，让孩子们深刻地理解了面的大小是由很多更小的面组成的，因而学生对面积也有了更为丰富、深刻的理解。这也让我们坚定了一种认识：概念定义和概念意象，都是学生学习概念的重要途径，可实践表明，小学生对于很多重要概念的理解，并不仅仅依赖于对概念定义的描述和背诵，相反更重要的是依赖于对概念意象的感知，因而，我们在教学中，需要围绕概念的核心本质，更多地给学生提供一些具体熟悉的例子、可感知的图像、可操作的活动等，帮助学生积累相关的数学经验。

2. 要给学生充分的活动时间。

教学中，教师设计了不少学生活动。从教学实践看，学生很喜欢动手操作，当他们自己发现操作结果时，会开心地露出笑脸并且及时与成员分享，获得愉快的学习体验。但是有一些环节，比如一些需要集体动手的环节，教师在提出问题后，很快过渡到了下一个环节，从而使学生丧失了一些宝贵的活动经验。比如，请同学们摸一摸你的桌面，想一想你的桌面有多大，用手势或者其他方式说一说你是怎么摸的。这些环节教师没有给学生思考和展示的时间和机会，仅仅让学生快速做一个摸的动作就结束了，其实这是一个很好的渗透面积测量"尺子"的机会。类似这样的遗憾，课堂里常常会出现。这也说明，设计活动并不难，但是要想真正去落实这些活动，实际上并不容易。如何让活动真正有效？是精简活动数量，整合活动环节，还是减少课时容量，提高活动的深度与广度？

3. 起始课中，概念意义的理解是学习的核心，也是后续学习的基础。

《面积》这一单元包括"面积的认识"、"面积单位"、"长方形正方形面积的计算"等内容。以往我们都是将"面积和面积单位"作为一节课，然后下节课再教学面积的计算，很多时候，面积的计算往往是我们教学最重视的环节。但这次研究使我们意识到：后续学习中出现的问题，其实很多是由于起始课上对于概念意义的理解不到位，才会造成认识上的模糊和应用时的混乱。因此，对概念意义的理解，应该是学习的核心，也是后续学习的基础，要不惜多花一点时间和功夫，让学生充分理解。在课时安排上，与其在起始课上匆匆地走完所有教学流程，然后很快进入公式计算、巩固训练等，不如前面放慢脚步，为孩子们创造更多的活动、操作、对比、交流的机会，全方位深入地理解面积的意义是什么，面积单位是怎么来的，与自己熟悉常用的长度单位有什么本质的区别，长方形面积为什么是长乘宽，等等。之后，再享受水到渠成的教学效果，这样是不是更加符合孩子学习的心理？所以我们觉得面积这一单元的教学第一课时可以先认识什么是面积；第二课时，学习面积单位，丰富对面积概念的认识；第三课时，再探讨规则图形面积计算的方法。这样是不是会事半功倍呢？

　　4. 用尺子量面积？

　　本次教学实践中，学生有几次提出了用尺子量面积。

　　尺子度量的结果是长度，即一维图形的数量，用尺子是不可能直接度量出二维图形的面积，此时教师否定或回避学生，其目的是想让学生从一维图形顺利过渡为二维图形的学习，能思考并发现度量面积的方法，甚至自创一个度量面积的单位，为后面学习标准的面积单位做铺垫。

　　但课堂中的一些花絮仍然表明，一些学生在刚认识图形的面积时，观察角度还是建立在一维空间之上。他们看到的虽然是一个图形的面，但注意力还在图形的边上。如他们认为圆的外边（周长）拉直了贴到外面去也许会跟正方形一样大；还有个别学生认为中队旗（▭◁）的缺角移动到外边就跟大队旗（▭）一样大。从学生这些真实的想法中，足以看出部分学生在认识面积时，虽然关注了图形、关注整个图形的面以及构成图形的边，而对于面的大小和多少（面积）没有深刻的认识和理解。如何更好地面对和解决这些问题，有待于我们进一步的研究与思考。

个案2　让数学如音符般跳动

姓名：彭越
所在学校：湖南省长沙市清水塘小学
从教年限：15年
最喜欢的书：《卢勤教育文集》
最喜欢的休闲方式：音乐、阅读、运动

第一部分　我的成长之路

歌声如诉，所有最静好的时光，最灿烂的风霜和最初的模样，都缓缓流淌起来。在懂得之后，每一个音符下，都埋藏着一颗平静而柔韧的心灵。

——佚名

习惯了工作在快节奏和热闹的学校，也喜欢在闲时来到学校对门的清水塘畔走上几圈。这里，曾经是毛主席和杨开慧生活的地方，内心充满着红色，外表凸显着绿色。这里，很幽静，不张扬，来到这，心静了，生活也静了，仿佛时间就在这一秒停止了。看不见塘边裸露的泥土，淡绿色的波纹在风中超越，涌向生命的岸头。哼着小曲，我的视线干净而明亮，延伸进季节的花园。一个水塘是一个世界。清水塘畔，回忆着我的心路历程，我是一名快乐的歌者。

漂浮而过的歌

我出生在一个普普通通的工人家庭，多才多艺的父母对我潜移默化的影响以及在教育上对我的重视，还有我所接触过的众多优秀教师对我的培养，使爱唱爱跳、组织能力颇强的我很早就在内心埋下了做教师的种子。随着时间的流逝，我对教育的向往之情也越来越深。1995年我以全校第一名的成绩考入宁乡师范学校，进入了梦寐以求的师范校园。在宁师古老的银杏树下，我崭露头角，凭借自己的舞蹈特长，担任学生会文娱部长，广播站播音组组长，策划和主持着《音乐彩虹》、《说说唱唱过周末》、《年级风采》、《元旦晚会》等大大小小的节目和活动；在"银杏杯"、"银觉杯"舞蹈、独唱、独奏、朗诵比赛中荣获着奖励；代表学校参加了省、市级舞蹈比赛并获得奖励。那三年，是我神采飞扬，满载收获的三年。在那如歌的岁月里我勤奋好学，全面发展，成为年级中的佼佼者、学校里的风云人物。我的心里只有一个念想：毕业后当一名音乐老师，在充满掌声和光环的音乐教学中延续我的音乐梦想。1998年8月，我以"全优中师生"的优异成绩毕业，被择优分配至长沙市开福区。怀着对教育事业的无比崇敬，更带着父母对我的真诚祝福和企盼，我来到了长沙。满怀喜悦，我想象着我即将工作的学校：它就如一座艺术的殿堂，教学条件优越，拥有着美丽的校舍，宽敞的大礼堂，有一台能弹奏出动听的乐曲的钢琴……而现实却是，我被分配至了捞刀河镇凤羽小学。这是一所农村学校，20世纪70年代的校舍，校园里长满了杂草，简陋的教学条件，只有一台有几个音还弹不响的风琴……憨厚朴实的老校长安排我当大队辅导员兼教数学，并意味深长地对我说："小彭老师啊，你们师范生都是万金油，能力强，希望你能发挥出你的潜力和优势，让我们这的孩子多学一些知识啊！"那一刻，我的眼泪夺眶而出，我的音乐梦想啊，已经成了一首漂浮而过的歌。就这样，我拿起数学课本，教起了数学，成了一名数学教师，并且，这一教，就是15年。

当音符变成数字

当音乐中的音符变成了数学中的数字，我这一身的文艺细胞还真没有浪费。农村里的孩子淳朴懂事，非常喜欢我这个从城里来的年轻漂亮的老师。一双双求知若渴的眼睛，一只只高高举起的小手，我说的每一句话、做的每一个动作都如一首美丽的歌，如优美的舞蹈动作般牵引着我的学生向前行。渐渐地，我的成就感战胜了失落，我弹着那架塌音的风琴也其乐融融，我尽心尽力地将我的所学毫不保留地教给他们，我还是一名快乐的歌者。亲其师，信其道，就凭着我对教育的这份热忱，我所教二年级班的59个孩子一个学期后参加镇里的三十几所学校的统考时，成绩排在第二名。这为我迎来了意外的鲜花和掌声，当联校书记在教师大会上以此来表扬我时，我感到了前所未有的欣喜，更坚定地明白了自己身上的责任，对数学教学也是更加喜欢。

这是一首幸运的歌

两年后，由于工作的需要，我调入了城区一所学校。我是幸运的，在踏上讲台的第三年就碰上了这场"为了每一位孩子的发展，为了中华民族的复兴"的基础教育课程改革。作为一名青年教师，能参与到新课程改革的实验中，既是挑战，也是一个良好的机遇。这里，有更多的新东西需要探索，有更多的未知领域需要开发。这样一个平台，使我在教研教改这一块肥沃的土地上茁壮成长，对新时代教育有了更高标准的追求。

通过参加通识培训，我对课程改革有了全新的认识，观念上有了转变，理念上有了创新。接下来的几年时间，我付出了比他人更多的努力。在一次次的公开和接待课中，我不断接受打磨，教研室的盛建武老师、学校的主管教学教研的行政，都给了我的教学很多的可行性建议，我也以主人翁的姿态做课程的建设者，不断地开发、利用课程资源，创造性地使用教材。另外，我努力改变学生的学习方式，让他们做到自主、合作、探究学习，同时改变自己的教学方式，努力探索能激发学生学习主动性和创造性教学过程和方法，使教学过程真正成为师生对话、互动发展、教学相长的过程，成为学生不断构建知识、能力、方法、习惯的过程。

机遇总是等待有准备的人，2002年9月，省教科所选派我参加中央电教馆"全国第二届中小学网络环境下的课"赛课。我所教的二年级孩子学习计算机才一年多一点，受年龄和认知水平的限制，他们的计算机水平就如"蜻蜓点水"，无非就是"开机、关机、用鼠标点击"等。怎样才能发挥孩子们的优势，让数学课堂在现代信息技术的指引下更加有效呢？我请教电脑方面的高手，设计和制作了一个可以人机互动、师生互控的教学软件，上了一堂网络环境教学与数学学科整合的统计课《快乐的生日》，将学生学习信息技术的水平真实呈现于数学课堂之中。现代教育技术真是魅力无穷！将计算机作为一种工具用于数学教学中，使学生真正体验到从数学的角度利用先进工具解决实际问题的快感，这充分体现了"做"数学的建构主义教学思想，在"做"的过程中，学生较长时间处于积极思索的亢奋状态中，有心理上的满足感，从而积极去思、去练、去发现，充分发挥自身的主体作用。教师在教师机上就可通过屏幕监看学生的学习，实施帮助和管理协调，体现了个别化学习、协作式学习。

这堂课，由省教科所进行录制参赛送至中央电教馆参加比赛，获得了第二名的好成绩。我以此为案例写的教学设计、案例和论文都获得了国家级、省市级奖励。

记忆如一首幸福的歌

时光流转，我不经意与数学结缘走到了现在，只有那些音乐留在了过往的岁月里，成为老歌，容许我们在暮然回首的时刻，体味一种不悔的美丽心情，勾起我怀旧的心绪和对往事的追忆。在这些年里，我一直安心数学教学工作，认真钻研业务，虚心学习，教学成绩显著，多次上各级公开、接待、观摩课，参加国家、省市级赛课也频频获奖，论文多篇获奖并发表，多次参加国家级研讨会并在会上作经验介绍、课例展示。回想十几年的成长历程，每一个足迹，每一滴汗水，每一份收获，就像我所深爱的数字和数学符号一样，记录着自己艰辛而幸福的成长之路。我刻苦钻研教材，领悟到怎样将一个知识点最简单地教给孩子，我幸福！我不厌其烦地给一个个孩子面批着作业看到他们茅塞顿开，我幸福！我热情如火地与同事讨论某一个有关教研教改的问题，享受那种津津乐道、各抒己见的体验，我幸福！我精心设计的课，获得小朋友的喜爱，获得专家、同事们的赞赏，让课堂充满欢声笑语，我幸福！我夜里挑灯撰写的论文变成了铅字，我幸福！我苦读诗书，获得自考大专文凭，完成函授本科的学习，我幸福！……享受着幸福的同时，我戴上了开福区数学"明星教师"的光环，披上了全国"2006年度新世纪小学数学优秀教师"的荣誉，并作为"长沙市优秀教师"荣立三等功。我所带领的数学教研组也被评为市"共产党员示范岗"、"市数学先进教研组"，并成功地承办了区级校本教研的展示活动。

我喜欢数学教学，十分享受这份快乐。我的讲台渗透着我对学生的情和爱，凝聚着我对教育事业的无比自豪和挚爱深情，它记录了我这十五年来的艰辛与奋斗，幸福与收获。我崇尚教育事业，热爱这片土地，因为这里有令人感动的课堂，这里有天真烂漫的笑脸，这里有渴望知识的目光，这里有让我感悟、令我反思成长的为人之师的人生价值观。

第二部分　我的研究之旅

多种提问方式彰显学生创新思维

有效的提问方式有何重要性？

陶行知先生在《每事问》、《问到底》的诗中写道："发明千千万，起点是一问。禽兽不如人，过在不会问。智者问得巧，愚者问得笨。人力胜天工，只在每事问。"我们从陶行知的教育思想中领悟到问的重要性。美国教学法专家斯特林·G.卡尔汉也曾提出："提问是教师促进学生思维，评价教学效果以及推动学生实现预期目标的基本控制手段。"

可以说，没有问题就不可能引发思维。但是不是提出了问题就能引发思维，就能促进学生的发展？答案是显而易见的。因此，如何保证课堂提问的有效性也极为的关键。教师激发学生的学习积极性，要向学生提供充分从事数学活动的机会。精心设计课堂提问，讲究提问的艺术，引起学生深思，将设疑与质疑有机地结合起来，是数学课堂教学取得良好效果的重要环节，恰当的提问可以启发学生的思维，帮助他们一步一步掌握教学要点，理解教学内容，对活跃课堂气氛也有一定的作用。课堂提问是实现教学反馈的方式之一，是师生相互交流的基础，是启发学生创新思维的策略和手段。

课堂提问方式存在的几个问题。

1. 随意式提问。

有的教师觉得上课就必须有提问，把课堂提问的数量作为衡量一堂课学生是否活动丰富的一个标准。因此，处处设置提问，以为这样就可以使学生学有所思。殊不知，提问并非越多越好，如果有的只是太多的简单提问，会使课堂显得冗长而疲惫。学生穷于应付，看似师生交流频繁，实际上学生对这些问题并没有留下什么印象。因为学生根本没有自己消化、吸收的过程，最终导致的结果是学生无法获得完整的知识。

2. 自问自答式提问。

有些教师，上课的时候也精心准备了一些问题。当学生在回答时，却经常把学生晾在一边。有时学生刚刚回答，老师就接住学生的回答，一讲到底，将学生认真的回答敷衍了，将学生的学习热情抹杀了。长此以往，学生非但不能参与到对问题的思考和回答中去，反而容易造成学生对问题的麻木和教师对自问自答的依赖性。

3. 口头禅式提问。

有的教师习惯提一些诸如"对不对"、"好不好"、"是不是"、"行不行"等问题。这样口头禅式的问题，表面看，学生兴致勃发、情绪高昂，课堂气氛热烈，实际上并无实效，学生的思维受到限制，课堂没有生机。

4．突击式提问。

有些教师在课堂提问中，尤其是在对以往知识的回顾当中，常常会先叫起某位同学，然后再提出问题要求回答。一方面，被点名的学生不知所措，而其他同学同时不会对问题加以思考，仅仅充当了一个听众的角色而缺乏了对以往知识的自主性的回忆。

5．整治性提问。

教师发现某一学生注意力不集中，心不在焉，突然发问，借机整治，给学生个"难堪"，久而久之使学生对教师提问产生畏惧，引起学生反感，严重妨碍搞好师生关系。

如何选择恰当的提问方式呢？

1．根据课型选择。

新授课，大多是在学习具体的新知识点，通常以教师有引导性的向学生提问为主，引导学生的思维向所学知识点靠拢，所提问题需要有一定的指向性。提的问题只有明确具体，才能为学生指明思维的方向。教师所提问题，必须符合小学生思维的形式与规律。设计出一系列由浅入深的问题，问题之间有着严密的逻辑性，然后一环紧扣一环地设问，从而使学生的认识逐步深化。如学习小数乘法1.27×4.5时，在小数乘小数法则推导过程中，可这样提问：（1）这道题乘数和被乘数各有几位小数？（2）怎样使乘数和被乘数都变成整数？这时，积会发生什么变化？（3）要使积保持不变，应如何处理积的小数点的位置？（4）你能根据刚才的计算过程，说说小数乘小数的计算方法吗？这四个问题层层深入，不仅能使学生准确地概括出小数乘小数的计算法则，而且也培养了学生思维的逻辑性。

练习课，可以以学生向老师提问和学生向学生提问为主，学生在已经学习了相应知识的基础上，对于仍有疑问的地方可以给予机会向老师提问，学生练习的内容，由学生自己提出全班解决或者同桌相互提问相互解决，这种方式不仅可以使学生提高解题的兴趣，又能使学生在解题后获得成功的体验，树立学好数学的自信心，因此根据不同的课型采用不同的提问方式，收获不同的学习效果。

2．根据学生年龄特点选择。

不同年龄层次的学生有着不同的学习和思维习惯。

低年级数学课可以以教师向学生提问为主，遇到指向性不明确的知识点，可以结合学生向学生提问或者学生向老师提问的方式。一年级学生刚入学不久，在幼儿园自由惯了，对小学生活既感到新鲜，又有好奇感，上课注意力不集中，情绪变化无常，容易疲倦；行为动摇不定，不善于控制，很难做到专心听讲，二年级学生已基本适应小学的学习生活。好奇，好动，好模仿，思维的直观性、具体性、形象性是他们的共同特点。但从总体上说，对常规的认识不深刻，动作不到位，行为不规范。

中年级学生数学课上则可以适当增加学生提问的机会，增强学生的数学学习积极性。三年级学生的思维正处于由形象思维向抽象思维的过渡的时期，能进行一定程度的抽象思维，但仍以形象思维为主。四年级学生正处在由儿童期向少年期转变的过程中，他们的独立意识开始增强，已经不满足于单纯地听老师的话，也不满足于接受课堂教学。他们爱看课外书，对自然现象、社会现象发生兴趣。

高年级的数学课既要给学生充足的机会提出自己的问题，又要有所控制进行引导性的教师提问。五年级学生开始进入少年期，身心的发展正处在由幼稚趋向自觉，由依赖趋向独立的半幼稚半成熟交错的矛盾时期。六年级学生面临毕业，他们一方面对母校和老师充满感情，另一方面又不满足于小学生活，向往进入新的更高一级的学习环境，所以不同学段的学生有着不同的特点。

以《分数的意义》一课来谈谈提问与学生思维发展。

在课堂中，提问是开启学生创造性思维能力，引导学生思维的最直接最简便的教学方法，也是教师借以接受学生反馈信息的一种有效手段。设置有效的课堂提问，能让学生积极参与到教与学的互动中来。现在，笔者就《分数的意义》一课来谈谈课堂提问与学生思维发展方面的关系。

1. 猜测式提问，营造氛围。

为了创设竞争的氛围，课前我和学生进行了一次谈话，"今天第一次和大家上课，老师感到非常高兴，希望我们能有一次非常愉快的经历。刚才我了解到我们今天来上课的有56人，现在为了学习的需要，我想把我们班的同学一分为二，分为红蓝两队，左边的同学为红队，右边的同学为蓝队，我们来比比哪一队的同学表现最出色好不好？"孩子们都同意我的提议，接下来第一个问题更是激起了他们竞争的意识。"其实刚才我们将全班同学一分为二的过程可以用一个数来表示，大家猜猜，这个数是什么？"问题一出，孩子们有的进入了猜测，有的已跃跃欲试。"这是一个分数""这是1/2"成为大家共同认可的答案，这节课的学习主题也就很自然地呈现在孩子们面前。

可见，这种猜测式的提问在课堂上往往能创造一种特定的氛围，由于是猜测，学生感兴趣，情绪兴奋，所以想猜；由于是猜测，学生想冒险，有胆量，所以敢猜；由于猜测的结果只有一种，学生不能信口开河，要有一定的知识基础，所以能猜。而猜测以后的结果一经证实，学生的思维更能达到一种亢奋的状态，学习的目的性、主动性更明确了。

2. 开放式提问，探究意义。

开放式提问的答案不是唯一的，没有标准答案。这样的提问，可以激发学生的发散性思维，培养学生的想象力和口头表达能力。

在探究分数的意义时，我以"$\frac{1}{4}$"这个分数为例，向学生提问"单就$\frac{1}{4}$而言，它可以表示怎样的意义呢？"学生们用一张正方形的纸、四支香蕉图、八个面包图等材料或折或量，或数或画，表示出了$\frac{1}{4}$并能根据自己的理解说出所表示的$\frac{1}{4}$的意义。如：

生1：我把这个正方形对折两次，分成四个完全一样的小正方形，其中的一份就是它的$\frac{1}{4}$。

生2：一根香蕉是四根香蕉的$\frac{1}{4}$。

生3：两个面包是八个面包的$\frac{1}{4}$。

生4：把一条线段平均分成四份，每一份是$\frac{1}{4}$。

师5：你是怎样表示一盒水彩笔的 $\frac{1}{4}$ 的？

生6：一盒水彩笔有12枝，把这盒水彩笔平均分成4份，每份是3枝，3枝是这盒水彩笔的 $\frac{1}{4}$。

生7：我用6枝表示这盒水彩笔的 $\frac{1}{4}$，因为这盒水彩笔共有24枝。

……

学生在开放式问题的推动下，利用手中的操作材料，进行尝试解决，多角度、多方位开展思维活动，并能根据不同的信息进行不同的表达，在获得独特的反应的同时又从同伴那里得到更广阔和灵活的信息。

3．比较式提问，归纳意义。

有人说，比较是一切思维和理解的基础。比较式提问，能使学生在回答的过程中获得对事物清晰完整的认识，从而得到有价值的思维成果。

在学生汇报了不同的表示 $\frac{1}{4}$ 的方法之后，老师又提问："刚才同学们在表示 $\frac{1}{4}$ 的过程中，有什么相同的地方？有什么不同的地方？"

学生综合大家反馈的信息，统一了相同之处为"平均分"，不同之处为"分的材料不同"。

我顺势作出引导："有的是一个圆片，也就是一个物体（板书：一个物体），还有的是由几个物体组成的，如一盒水彩笔、四根香蕉、八个面包，我们称它们为一个整体（板书：一个整体）。一个物体、一些物体等都可以看作一个整体，一个整体可以用自然数1来表示，通常把它叫做单位'1'。把这个整体平均分成若干份，这样的一份或几份都可以用分数来表示（在'一个物体、一个整体'上板书：单位'1'）。"

用比较式的方法提问，学生学会了根据结果比较集中，在众多平凡的答案中找到不平凡的答案。这个环节看似淡化了定义概念，但在关键、核心处的点拨，恰恰强化了概念的本质，帮助学生建立了数感。可见，知识建构不是教师的传授与输出的结果，而是通过学生亲身经历交互实现的。

4．启发式提问，理解意义。

启发式提问所提出的问题具有很强的启发性，而问题的答案又不是学生轻而易举可以得到的，必须通过一番努力才能获取。如为了帮助学生理解分子的含义，教学中出现了这样一个提问的环节。

生：为什么一个小正方形、一根香蕉、两个面包、三枝蜡笔、六枝蜡笔都可以用 $\frac{1}{4}$ 来表示呢？

师：请同学们拿出你的材料在小组内比比看，说说看。

生：因为都是表示把一个整体平均分成4份，取其中的一份，每份是 $\frac{1}{4}$。

师：谁能回答"4"表示什么？

生：4表示平均分成了4份。

师：那也就是说分母可以表示什么？

生：平均分成的份数。

师：那"1"呢？这里的"1"是否表示一个面包、一枝蜡笔？

生：1表示四份中的一份。

生：两个面包是四份中的一份。

生：三枝蜡笔也是四份中的一份。

师：如果要取蜡笔中的2份、3份可以怎么表示？

生：$\frac{2}{4}$、$\frac{3}{4}$。

至此，学生对"分数的意义"应该是完全得到理解了，这样一个过程也将"分数的意义"进行了最为简洁的诠释。正是"为什么一个小正方形、一根香蕉、两个面包、三枝蜡笔、六枝蜡笔都可以用 $\frac{1}{4}$ 来表示呢"这样一个启发性的问题，不仅培养了学生的"问题意识"和解决问题的能力，更重要的是还反映了教师本身的创造性。一般的教师能让学生在愉快的环境中学会教材所规定的知识，而好的教师不仅能让学生学会知识，还能让学生掌握一定的学习方法，能在教学过程中经常提出一般教师不易发现的问题，这才是具有创造性的教师。

5．突破式提问，提升知识。

学生的知识是在思考中增长，在质疑中创造和更新的。突破式提问正是让学生在正确的分析问题中找到解决问题的突破口，学生可以以自己的阅历和知识为基础，根据自己收集和储存的知识力量，根据自己的学习经验来回答问题。为了引入"分数单位"的教学，我要求学生用分数表示12颗糖中4粒绿色的糖。学生想到可以用 $\frac{4}{12}$、和 $\frac{1}{3}$ 表示。

随即我问："为什么同样是4粒绿色的糖，可以用两个不同的分数表示？你是怎样想的？"在解决这个问题的过程中有分析，有正向思维、有逆向思维，学生不能用现成的知识直接回答，而必须将学到的知识重新组合后，才能回答出来，这个过程能促使学生将知识转化成能力。

学生意识到把12粒糖平均分成12份，4粒绿色的糖是4份，占 $\frac{4}{12}$。把12粒糖平均分成3份，4粒绿色的糖是1份，占 $\frac{1}{3}$。这两个分数表示的糖的数量虽然相同，但是它们的意义却不相同，分数单位也不同。接下来的练习，学生从不同的分数中体会到了不同的分数单位。

可见，如果问题过小，过浅，过易，学生不加思考就可以对答如流，这样的问题无助于学生思维能力的锻炼，不具有探究的意识，只有激起了学生的思维碰撞，才能督促学生积极思考。

第三部分　我的反思之乐

（一）一场没有输家的赌注

走入办公室，只见大叠作业本端端正正地摆在办公桌上，我欣喜着："二（2）班的小组长、课代表们越来越负责了。"拿出纸笔，我开始了每天必做的功课——批改作业。咦，这儿有张课代表留下的纸条："一组第四个没做作业。"，我"蹭"的一下火气上来了。"又是他！"顿时美丽的心情全无，不禁感叹："唉，朽木不可雕也！"

他，吕豪，二（2）班的调皮王，聪明，好动，贪玩，街道上居民的孩子，父亲忙于生计，母亲迷于麻将，典型的"无人管"。为了吕豪不做作业这件事，我和班主任已是几次登门，请家长配合共同教育好孩子,但一直没什么效果。在学校,我们也是使尽浑身解数,吕豪依然我行我素。我反思着,是不是平时给他改正的机会太多,他已经习惯了每天到老师办公室来补做作业这一形式?

"孺子不可教也!"我长叹一声,真有些心有余而力不足,好想放弃!但职业赋与我的责任感又让我思忖着,怎样教育他才能真正有效,让他有全新的改变呢?在这一念之间,我有了一个新鲜的想法,行不行得通也得试试!

"吕豪,你知道彭老师喊你到办公室来干什么吗?"我微笑着把他喊到我身边,只见他几分胆怯,几分后悔地转动着眼珠,半天才吱吱唔唔地说:"我……我没做作业!""很好,你能主动承认自己的错误,老师为你高兴!"他不禁有点不好意思起来,我居然没有责备他。好戏在后头呢!"看,昨天老师发现你有了小进步,特地提前为你准备了几份奖品,可你今天又退回去了,看来这些奖品得浪费了!"我把准备好的新本子推到他面前,上面写着:"学习进步奖——吕豪""作业进步奖——吕豪""认真倾听奖——吕豪""积极发言奖——吕豪"。每个本子上都加盖了一个大大的"奖"字。"这可是我们班上单项奖的最高荣誉喔!""哇,这么多!"只见吕豪眼睛睁得大大的,爱不释手地摸着那些本子。"彭老师,我要是能得到它们就好了!""我本来就是为你准备的,以为你会进步,我和袁老师打赌,你一定会得到这些奖励。可你还是让我失望了,我输了!"我表现出很失望的表情。"我错了,我会改正!彭老师再给我一次机会!"小家伙很激动,流露出很急切的样子。"我一定要得到它们!彭老师,你会赢!"聪明的孩子就是不一样,他咕噜了一下,把我想要他说的话全说完了,我心里暗暗欢喜,"那我们也打个赌,"我一副严肃而诚恳的样子,"就赌你能不能得到这些本子,我赌你不能!"我这一激,他马上回应:"我赌我能得到。""那好,拉钩。"小手和大手的小拇指钩到了一起,我会心地笑了。"这是我们两人之间的秘密喔,想想,接下来应该怎么做?"我提示他,"喔,我知道了。"他一溜烟跑回了教室,就在上午放学前,写有"吕豪"的数学家庭作业本出现在我的桌上。我给予了批改并加上了一句"记住我们之间的秘密喔"。这一招可真奏效，他的家庭作业不让我操心了，上课认真积极多了，我适当的表扬更是促使了他学习的劲头。本学期的最后几个星期里，他有了惊人的变化，学习有了进步，期末情况评价数学还得了"良好"，很自然他也得到了那些奖品。我没输，吕豪也没输！

（二）人性化评价，尊重孩子思维的合理性

这是一次期末终结性评价，试卷由教研室提供。我对我的学生非常自信，他们经过五年轻松而扎实的数学学习，已具备了良好的数学素养与能力，参与这样的考试应该是轻车熟路。按照我们学校一贯的组考方式，五年级和六年级的老师交叉阅卷，很自然我要批改六年级学生的试卷，而我们班的试卷由六年级的老师批改，我还要做一份样卷供六年级老师参考。我一边做样卷，一边心中窃喜，试卷中的题型孩子们都学过，做过，题目不偏，不难，不怪。我不费吹灰之力就将样卷做好了，并送到了六年级负责阅卷的老师手中。

大家都认真而谨慎地给孩子们批阅试卷，半天过去了，试卷基本上看完了。我心里寻思着不知我的孩子们考得怎么样。这会儿，我的手机响了，是六年级廖老师打来的，"彭老师，请你过来一下。"我放下手中的活来到五年级试卷批阅点，"你们班有个题目只有两个学生对了。"我一听，觉得非常奇怪，试卷中没有如此难的题可以难倒我们班那么多的"学习精英"啊。"而且你样卷上的题也做错了。"再听后半句，我更觉得不可思议，我作为区里小学数学教学界小有名气的老师，怎么可能出这样的低级错误呢，可廖老师是我们学校老教高年级的数学老师，他的定论应该没错，难道真的是我一时骄傲做错了题？我心里"咯噔"一下，很是不好意思，"我来看看。"接过试卷，我马上浏览了一遍题，这是一个填空题，题目如下：

一个正方体摆在桌上，有5个面露在外面，三个正方体（如图7所示）

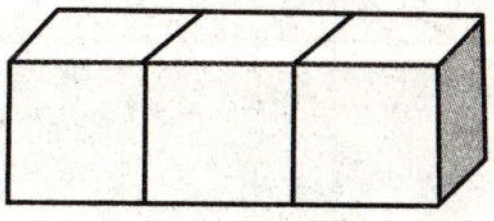

有（　）个面露在外面？

图7

"没错啊，是11个面啊！"我一看是这个题，就将答案脱口而出，我怎么可能出错呢？孩子们出错也不可能，原来是虚惊一场。"当然只有5个面啊。"六年级的另外一个老师说。"三个正方体既然摆成了长方体，那么长方体就只有6个面，下面那个面靠在桌子上，那自然只有5个面露在外面了。"她说得很有道理，我似乎一下就被她说服了。顷刻间，我真想承认自己错了。我一张张翻阅着试卷，真是让我大跌眼镜，除开班上平时最不爱听课的方顺、邓洋答的是5个面，其余的48个同学答的都是11个面，此题被判断成错，扣了2分。我的心不由得非常惶恐，难道是我教错了？让这48个孩子都错失了2分，这可是我的过错啊，理智让我冷静下来，我马上坚定自己的观点："一个正方体摆在桌上，有5个面露在外面，两个正方体就有8个面露在外面，三个正方体就有11个面露在外面，这是一个看图找规律的题，书上是这样出示的，我是这样教的，学生是这样学的。""但是数学是严谨的，既然是摆成如图1所示，那就是摆成长方体，长方体不可能存在十几个面。"廖老师也坚持己见。"那就是教材不够严谨，要是这样的意图就必须说'有几个正方形的面露在外面'。"廖老师继而补充，其他老师也觉得有道理。

无奈之下，我只得拿来教材和教参，势必要弄一个水落石出。教材的意图非常清楚，是为了培养学生的逻辑推理能力与空间观念，它所指的面是正方体的面，这三个正方体是单独的个体，正方体与正方体重合的部分是有空隙的，是两个面重合在一起的。而我们平常所指的面一般是拼组后图形形成的面，所以就导致了我与其他没教此教材的老师之间的差异。就这样一个问题，学生的答案与标准答案不一样，我们数学教研组的老师开展了讨论，一部分认为，只能有唯一的答案，不能让学生存在疑惑，部分老师认为要尊重孩子的思维的合理性，只要他说得合理，我们都应该给他判对。我们将讨论的结果汇报给教研室的易老师，她的观点也是"只要学生的理由合理，就可给他判对。教材是没有问题的，同样，我们老师要正确地面对学生出现的这种情况"。于是，我打电话找来方顺和邓洋，向他们询问答"5个面"的理由。果真，由于他们平时没有认真听课，一看此题的第一感觉就认为"面"指长方体的面。真是"无心插柳柳成荫"啊！我们数学组的老师最后达成一致协议，把48个批改错的孩子的题改过来，这两个同学也给批上"对"，真是皆大欢喜。

　　我想，我们评价的目的是帮助学生学会思考、学会创造、学会学习，而不只是得到一个正确的答案。学生的思维极其丰富，我们老师要鼓励他们独立思考解决问题，能够解释自己的理由、自圆其说，他们的思维就不应该受到限制。同样，老师也应该正视这一个问题，给孩子们一个自由的空间。

个案3　教育的名字叫吸引

姓名：喻沛
所在学校：湖南长沙市开福区育德小学
从教年限：22年
最喜欢的书：《爱的教育》《红楼梦》
最喜欢的休闲方式：看电影、听音乐

第一部分　我的成长之路

雨果说："花的事业是尊贵的，果实的事业是甜美的，让我们做叶的事业吧，因为叶的事业是平凡而谦逊的。"我是一名小学教师，我愿做一片绿叶，揽教育的春风一路将爱的种子撒播到每个孩子的心田，随花香一路弥漫绿叶的追求与梦想。

绿叶萌芽

童年不是黄金时代，它是萌芽的初期。人们都说，父母是孩子的第一任老师。对于我来说，这句话更是适用，因为我的父母亲都是老师，都是学生眼中最好的老师。

母亲是小学教师，童年时的记忆就是母亲永远忙碌的身影。那时候母亲他们那一辈老师，就像是现代的"超人"，她在学校里当班主任，语文数学一起教，还要给其他班级上音乐课及图画课。在学校基本没有空闲的时候，晚上还要改作业、备课，一直忙到深夜。母亲在学校里差不多总是最晚放学回家的，有些学生学习比较吃力，成绩跟不上，母亲就在课后给他们补课，因为就住在教学楼旁边的教师宿舍，很多时候，她是一边给学生辅导功课，一边用旁边的小煤炉张罗我们姐弟三人的晚饭，一直到学生弄懂为止。我年纪很小就随班读书，因为熟悉，所以了解："超人"母亲这种额外的付出，是没有任何报酬的，也没有任何怨言！

父亲和母亲一样，都是对待工作认真负责、满腔热忱的那种人。他很长一段时间都是担任高中毕业班的数学兼班主任，经年累月呕心沥血、殚精竭虑，换来的最好回报就是学生们的优异成绩。每次学校期末考或者是地区统考，父亲任教的班级成绩总是名列前茅，几十年如是。在那个千军万马过独木桥的年代，就曾经创造出中考班级数学平均分97分（满分100）、高考全班上线的教育神话，一时声名远扬。以至于一直比较喜欢文科的我在中师毕业之后，我的第一任校长一下就相中了我，一心寄望我接班，将学校的"数学教学优势传统"发扬光大，理由近乎牵强："她爸是一中实验班的顶尖数学老师，虎父无犬女，这孩子综合考评成绩优异，让她教数学准错不了。"

现在想来，父母能那样投入地把教育教学工作做得那么出色，必定有着一股神奇的力量在吸引着他们，推动着他们。自己传承了父母亲的衣钵，走上教师的工作岗位，很有可能是来自耳濡目染，那儿时一幕幕简单、深刻而美好的回忆，不知不觉成为自己心之向往的萌动……

教育自觉的枝上长出鲜亮的绿叶

十八岁初为人师的时候，并没有想太多，只是单纯地想要学生都喜欢上自己的数学课，渴望吸引学生的眼球与心灵，希望自己有朝一日也能挥洒自如地掌控课堂。所以，我认真备课，早出晚归，加班加点，也取得了不少成绩。那时候的我，教育生活的全部内容就是上好课，让学生考出好成绩，我做到了，所教学生一直名列前茅，优质课也由学校到区、到市，一直上到省级甚至国家级。勤勉的付出得到了学生、家长和领导的一致认可，也由此成为学校最年轻的党员，被拔优评为小学高级教师。但随着时间的推移，我心中不禁渐渐疑惑起来，这难道就是教育的全部？在愈加忙碌的工作中越来越觉得失去了方向感和归属感。

值得庆幸的是，恰恰在我最需要的时候遇到了我的师傅——区教研员盛建武老师，同时也非常幸运地加入到第一轮国家级课改实验区的核心团队中。当我们第一次赴北京参加课改培训的时候，我初次听到了"教学主张"这一说法，了解到很多教育名家都是对教育本质有着一种坚定的见解与不懈的追求。那时，我们都完全不敢说自己是一个思想者，但盛老师用自己的言语和行动教会我，即便自己只是一名小学教师，也应该有自己的思想和教育主张，在教育自觉的根上长出鲜亮的绿叶。

在学习和思考的培训中，我无数次真诚地向前辈同伴讨教，潜心于阅读和实践的摸索、发现、提炼，梳理提升原初的教学思想与认识，有以下一些思考：

其一，教育的本质属性是影响，一种积极的影响，一种对人类认识和改造客观世界及自身的积极的影响。"亲其师而信其道""兴趣是最好的老师"，心理学的研究表明，"如果一个学生对某种知识发生兴趣，他便可以较为持久地集中注意力，保持清晰的感知，激发丰富的想象，产生愉快的情绪，用意志去克服困难而不感到疲倦"。学生对学习的兴趣来自老师的激发与影响，作为数学老师，应想方设法让你的数学课变得更吸引学生，把学生的注意力引到自己的教育教学目标导向中来，才有可能最大限度地发掘学生的潜能。

其二，数学既是一门科学，也是一门艺术。卢梭在其《爱弥儿》一书中说过："教育的艺术是使学生喜欢你所教的东西。"著名国际数学大师陈省身先生说："数学好玩，数学有用，数学美妙。"但也有学者不无焦虑地指出，现实生活中，我们对数学的理解悖逆数学的本质到了非常严重的程度。功利实用倾向和计算技能崇拜遮蔽了数学的本质精神，因此，国民的科学精神和基本的思维能力依然令人失望。在应试教育的主战场——中小学，数学教学充当了急先锋。我们的数学教育误入歧途，枯燥难懂，事倍功半，一点也不好玩。

《数学课程标准》也明确指出，在数学教学活动中，教师"应创设有助于学生自主学习、合作交流的情境，激发学生的学习兴趣，增强学生学好数学的信心"。在课堂实践与研究中，一方面我们必须从数学的抽象性、严密性和应用广泛性这三大特性的高度理性地认识数学，另一方面我们需要对数学的特点有更具体、更鲜活、更有意蕴的理解，吸引和帮助学生"体验数学好玩，感悟数学有用，发现数学之美"。

逐步明晰的"吸引"式教学主张成为我对教学、对教学改革的一种理性认识，一种理想追求。"吸引"不仅体现在我的课堂教学中，更浸润在我的全部教育生活中。正所谓认知与情感相互促进发展，来自数学与孩子本身的巨大吸引力让我无法抗拒，我和孩子们亦师亦友，彼此信任，相互吸引，喜乐相伴，生命共度，享受数学学习成长路上的点滴收获与幸福！

绿叶对根基的渴求与守望

绿叶追随枝干，枝干依赖根基，根基守望大地。我知道教育主张应植根于教育思想，它是教育理念的深化与聚焦，是理论与实践的高度概括，因此，我注意主动靠近理论，学习理论，让自己的教学主张时刻守望着理论与实践双向建构的枝干、根基与大地。

"吸引"是从历史深处走来的教育理想。孔子曰："学有三境——知学者不如好学者，好学者不如乐学者。"而这个"乐"又何尝不是"吸引"所致呢？当代著名教育家肖川说过："要使学校变得有吸引力，成为人们舒展心灵、放飞想象的处所。"学习中，我欣喜地发现，在西方教育思想中，"研究和探索如何将学校建成令人向往的最吸引人的场所"的教育主张也是源远流长，尤以美国教育大师威廉柏奇（William

Purkey）所创立的"吸引教育"为典范。"吸引式"教学主张是一种基于人本主义心理学思想和社会民主化实践的人本主义教育观念，是一种旨在探索面向21世纪学校教育的新型教育理论，现已引起欧美等发达国家教育界人士的广泛关注，并在众多学校广泛实践。

"吸引式"教学主张强调学校教育的民主化定向，人际交往的情绪吸引，自我意识的积极建构，以使教育过程能为人的发展展示一个充满希望的前景，为人的潜能的实现提供一套激励机制，为"把学校建成最吸引人的地方"找到一种系统方法，而这种追求与我个人的教育理想及目标是如此契合。

"吸引式"教学主张的理论基础来源于三个方面：

1. 行为动机的人本主义分析——在人本主义心理学看来，人的所有行为都是个体认识世界的一种机能。要想理解人的行为动机，就必须理解人认识中的世界。

2. 自我观念理论——自我观念理论指出，自我观念是一种"调节变量"，它在人的心理活动中起着认知、过滤、行为启动和生活目标设立等作用。自我观念的组成成分主要是社会性的，是通过跟人以及与人相关的情境、条件、政策、过程等的相互作用而形成的。

3. 民主化实践——民主化实践的基础在于开放的、自由的、平等的对话。"吸引式"教学主张将民主化实践视为师生交往的引导目标，希望通过持续对话和相互尊重，实现相互理解、共享生活，并通过发展求同存异、设身处地的社会交往能力，形成人们的社会责任感。

通过学习，我认识到：大到一所学校，小至某一学科的课堂，要健康可持续发展，必须不断优化育人环境，积极打造高效课堂，努力构建和谐的师生关系、家校关系。只有这样，才能深深地吸引学生，并因此提升师者的职业幸福指数，形成既拥有共同愿景，又充满竞争、合作、凸显个性化的学习共同体。教是为了不教，并非说教，而是引领、召唤与"内因使然"的自主建构。有了这些教育思想理论的支撑以及对它们的解读，我愈发坚定了自己的信念与主张，以打造优质高效的课堂教学为核心，切实把握轻负优质的辩证关系，努力提高学生的学习兴趣，优化学生的学习品质，并结合不同年龄段学生的身心发展规律与认知特点，用心凸显课堂的愉悦与兴趣，追求最富"吸引力"的数学课堂。

绽放绿叶的鲜亮，创造生命的精彩

"绽放绿叶的鲜亮，创造生命的精彩"是我一直追求的工作目标。实践证明，数学课堂对学生有多大的吸引力，直接影响着学生对数学的感受和学习的长效。增强课堂对学生的吸引力的方法有很多，但是用数学材料中所蕴含的数学思想方法的有趣、有用与美妙来吸引学生，是打造富有吸引力的课堂教学的较高境界。在"吸引式"教学主张引领下的理论与实践的双向建构，有力地托起了我的教学主张，而自己教学风格的孕育与形成也始终贯穿在教学实践及其研究之中，有效地提升了孩子们的学习品质和自己的专业成长。

（一）"玩"中学，以乐趣引人，体会数学成长的快乐。

我们知道，孩子的天性好玩、好动，容易被一些有趣好玩的事物所吸引。要使孩子轻松有趣地学习数学，那就要抓住一点——"玩"。在"玩"中学，慢慢培养孩子的兴趣，使他们觉得学习数学就像玩游戏一般快乐。

在以往的传统数学书里，枯燥乏味的数字和计算使孩子们不愿意去亲近数学，孩子们渐渐讨厌数学，恐惧数学，家长们也因此而头疼。怎样才能使孩子们对数学产生浓厚的兴趣？怎样才能使孩子学习数学变得轻松有趣？

一年级教学"分类"，先看动画片中的樱桃小丸子在整理自己的房间，她将所有乱扔的杂物一起打包，由此提出请孩子们一起帮帮她……七嘴八舌的评议中，指手画脚的比弄中，学生逐步懂得分类需要一定的标准，初步体会分类的含义和方法，感受分类在生活中的作用。课中安排的游戏—清书包比赛，更是让孩子们乐在其中。孩子们一股脑地将书中的课本文具倒出来，有的将本子和本子归到一起，课本和课本拢到一块，有的则按照学科的不同来整理。这样一来，他不仅更加直观地认识了分类，并强化了有条理地整理物品，自己的事情自己做的好习惯。

提起"秋游活动"，没有哪个孩子不为之神往。在中年级学习两步计算应用题的时候，我以"秋游活动"为话题，从开始敲定租车方案，到游乐场的项目确认、午餐食物选购，再到活动之后写数学日记，画面中呈现的都是同学们亲历的秋游活动场景，回味的不仅是秋游活动的快乐，更在"玩"中学，学习提问与解答，学会判断与反思。

"任选三根小棒，一定能搭成一个三角形吗?"在五年级教学"三角形三边关系"的时候，同样可以变刻板乏味的数学知识讲授为学生感兴趣的"玩"。在"用小棒搭三角形"的开放活动中，在教师"为什么有的同学能搭成，有的同学却不能"的追问中，孩子们不仅体会到数学游戏玩的快乐，更迫不及待地想一探"三角形三边之间究竟有怎样的奥妙"，并最终探究发现并抽象概括出三角形边的特性——任意两边的和大于第三边，也因此感受到数学学习的无穷乐趣！

再如，两个人玩"抢10"的游戏，定下"两人反复轮流报数，每次每人可以报一个或两个数，但是不可以不报或连报3个数，这样谁先抢报到10谁就获胜"的游戏规则，几轮游戏下来之后，让学生将自己的获胜策略与众人分享，教师在此基础上梳理出"逆推"、"逼近"等数学思想方法，并加以点拨，让之前的输家和赢家听了，或若有所思、或恍然顿悟，直嚷着懂了、会了，急着要再来比试比试。最终师生共同总结出游戏的必胜策略：要抢10必先抢到7，抢7必先抢到4，抢4必先要说1。

为孩子们量身定制各种"寓教于乐"项目，游戏、猜谜、故事等是"玩"中学常备的主题，轻松的讲解，可爱的漫画，入情入理的分析，深深地吸引着孩子在"数"与"形"的活动平台上尽情地玩数学，在掌握数学知识的同时，体验到数学的重要和有趣，亲近数学，了解数学，且乐在其中！

(二)"用"中悟，以任务聚焦，感受数学学习的魅力。

数学家华罗庚曾说过："宇宙之大，粒子之微，火箭之速，化工之巧，地球之变，生物之谜，日用之繁，无处不用数学。"新课程标准指出,"人人学有价值的数学"是指作为教育内容的数学,应满足学生未来进入社会的需要,能适应学生个性发展的要求,并有益于启迪思维,开发智力。"有价值的数学"应该与学生的现实生活和以往的知识体验有密切的关系,是对他们有吸引力,能使他们产生兴趣的内容。学生会因为用数学知识解决实际问题而感受到生活的丰富多彩,感受到数学学习的内在魅力。

例如,用举手表决、画"正"字等方法,确定班级干部的改选意向,由此经历数据的收集和整理的过程;公平裁断"龟兔赛跑"中,小兔跑的路程是不是比乌龟的要长,进而明确长方形、正方形周长的计算方法之区别与联系;把一个苹果平均分给两个小朋友,表示每人分得多少,就此经历分数产生的由来并理解其各个组成部分的意义等,都属于低年级学生乐于接受、愿意尝试的学习任务,在任务驱动之下,学生的学习兴趣也异常高涨。

再如,猜写由0、2、3、5、6、8组成,一个六位数的世博园"门票编码",收集统计并认读中国馆开放以来每个月所接待的参观人数,在聚焦世博会的同时,完成大数的读写、改写及用"四舍五入"法求近似数的复习梳理;在对各种四边形分类整理活动中,通过操作讨论,感悟平行四边形和梯形的特征及异同;由手持"你的位置是第×组第×个"的信息卡,完成座位重排的任务,到利用新认识的朋友——数对,在直角坐标系中寻找确定自己的位置;通过模拟实验、资料收集、数学计算等方式,了解一个滴水的笼头,一个没能及时关上的开关,到底会浪费多少水,如果节约下来,能有多大的用处,并据此在世界节水日向全体同学发出节约用水的倡议……相比之下,这些任务的达成中,有更多的思维含量,也更具挑战性,更适合向高年级学生提出。

马克思认为,"一种科学只有在成功地运用数学时,才算达到了真正完善的地步"。通过任务聚焦,更能吸引到学生,当其在教师的引领与激励之下,锲而不舍,团结协作,大胆创新,完成各项任务时,数学便真正走进了他们的生活,孩子们在"用数学"中,将逐步练就一双能用数学视角观察世界的眼睛,一个能用数学思维思考世界的头脑,从而寻到一把打开科学大门的金钥匙。

(三)"品"中思,以美妙熏陶,焕发数学生命的精彩。

数学作为一门逻辑性极强的学科,其性质决定了它是神秘的、深奥的,它比起其他的学科来似乎更枯燥一些,无味一些。但它又的确是美丽的,耐人寻味的,她是思想与思想的大胆碰撞,是智慧与智慧的平等交流,更是情感与情感的浸润融合。数学之美,可以吸引促进其有意义学习,使他们在美的熏陶下,得到情感的共鸣和思维的启迪,从而使其学习和研究数学变得更为积极主动。

美好的数字:一是万物之始,一统天下,一马当先;二是偶数,双喜临门,比翼双飞;三是升的谐音,表示多数,三教九流,三生有幸,三番四次;四是全包围结构,四平八稳,四通八达,四季发财……品悟四字成语中寄寓的美好祝福,为大伙搭建了"4的乘法口诀"的良好学习平台。

又如,教学《轴对称图形》,让学生画、剪对称图形,之后又让小朋友想办法验证它是对称图形,使学生用自己的思维方式,自由开放地探索、创造;伴着美妙的音乐,欣赏苏州园林的美景图,图形的对称美、整齐美尽显于美景之中……同学们在分享"创造美的喜悦"时,在欣赏漂亮图案时,充分体验数学图形的美,感悟到数学真是一门奇妙的艺术。

再如,完美的几何图形圆,曲线轻快流畅,极具对称美,化曲为直把圆面积转化成近似的长方形、等腰三角形和等腰梯形,从而推导出圆面积计算公式是何等巧妙……曲与直的这种转化,在生活中可以找到它的活生生的典型——砌墙用的一块块方砖面是长方形,可以砌成横断面是圆形的烟囱;把用方砖砌成的横断面是圆形的烟囱拆开,又可以得到一块块的面是长方形的方砖,学生惊叹:数学之美,源于生活!

数学知识中隐含有丰富的数学文化,通过数学日记、数学家的故事、数学符号由来、趣味数学题、数学游戏及各种数学小故事等形式,实现数学文化的体验、感悟、累积和转化。如分享近代最伟大的科学家爱因斯坦的成功秘诀公式：A=x+y+z（A代表成功，x代表艰苦的劳动，y代表正确的方法，z代表少说空话）等名人用数学方法书写的人生格言；介绍我国数学家陈景润身居陋室，但为了攻破哥德巴赫猜想这一世界数学难题，不断演算，通过努力终于摘取了数学皇冠上的明珠。数学家们高尚的思想品德，深厚的爱国热情，非凡的智慧才能，都能有效激发学生对数学的热爱和追求。

通过揭示生活中所蕴涵的数学的美，展示数学美的巨大魅力和作用，引导学生走进生活这个大花园，一起去欣赏体会数学之美，引导他们与数学家们一起探索、发现，从更多的角度去审视，用智慧深层次地挖掘，更好地体会数学的美学价值和丰富、深隧的内涵与思想，及其对人类思维的深刻影响，使孩子们在收获成功的喜悦的同时，不断得到美的熏陶，美的享受，美的启迪！

结语：回想一个人的成长经历，一定是一个长期的、渐进的过程，是一个刻苦历练、持续深入的过程，学生与教师皆是如此。假如生命允许我再次选择，我还会选择教师职业。我甘愿做一片绿叶，一片怀揣追求与梦想的绿叶，成就花的绚丽，果的辉煌！为自己钟爱的教育事业，为孩子的生命旅程增一分明媚的春光，添一片绚丽的秋色！

第二部分　我的研究之旅
美妙的转化，生动的吸引

日本著名数学教育家米山国藏指出："学生所学的数学知识，在进入社会后几乎没有什么机会应用，因而这种作为知识的数学，通常在走出校门后不到一两年就忘掉了。然而不管他们从事什么工作，唯有深深铭刻于头脑中的数学思想和方法等随时地发生作用，使他们受益终身。"

《义务教育数学课程标准（2011年版）》明确提出"四基"是数学教育改革的必然要求，是时代发展的必然趋势。学生对数学思想的把握，学生活动经验的积累以及学生的情感态度等，是学生数学素养的重要组成部分，数学基本思想应贯穿于整个数学学习过程，成为形成数学概念、建立数学知识体系、思考和解决数学问题的主线，成为学习掌握各部分数学内容的灵魂！下面笔者就通过几个教学研究案例分享与思想体悟，来窥探数学的美，品悟其无穷的吸引力。

教学研究案例

等积变形（一）
——六年级下册【圆锥的体积计算错题整理与分析】

一、故事导入

师：今天课上，老师要先与大家重温一个小故事——曹冲称象，哪位同学能用最简洁的语句为大家做一个复述呢？

生：有人送了一头大象给曹操，他想知道大象的重量，却因为没有一杆能称象的大秤而一筹莫展，曹操的儿子曹冲天资聪明，想到将大象赶到船上，齐水面划出一道印子，再赶象下船，换装上同样重的石头，然后由称石头的重量，推断大象的重量。

师：很棒。在找不到大秤，无法称量庞然大物—大象的重量时，聪明的曹冲想到将大象换成等重的石头，因为大象的重量和船上石块的重量相等，而分散的石块是可以用普通的秤称出其重量的。东西变了，重量没变。抓住大象重量和石头重量相等的关系进行转化，是解决这一问题的关键策略。

二、错例剖析

师：带着这个启示，请大家共同关注今天要分析解决的典型错例，请一个同学大声地将问题读一遍。

生：把一块棱长为10厘米的正方体铁块熔铸成一个底面直径是20厘米的圆锥形铁块，这个圆锥的高度约是多少？（得数保留整厘米）

师：这是练习出错较多的一道题，究竟是什么难住了大家呢？

生：我不知道熔铸是什么意思。

师：谁能解释一下？

生：（答略）

师：大家也许在电视中见过这样的画面，钢铁工人把火烧得旺旺的，温度升高到一定程度时，熔炉中的钢坯铁件被化成钢水，浇到模具里，就成了各式各样的钢铁制件。这一过程，就叫做熔铸。请问：熔铸过程中，改变的是什么，不变的是什么？

生：形状变了，体积没变。

师：也就是说，由正方体铁块熔铸而成的圆锥体的体积，和之前的正方体的体积相等。这便是解决这一问题的突破口（课件显示：V锥=V正）

……

☕数学思想体悟

授学生以"渔"远胜于"鱼"。诊断剖析数学思想方法是数学的灵魂，如果理解、掌握了它，就一定能体会数学的奥妙，领会数学的精髓。当现有难题我们无法解决时，可以考虑将其转化为另一个容易解决的问题或熟悉的问题，这种"化难为易""化未知为已知"的思想方法，是我们学习新知识，探究新问题的重要途径，而"等积变形"恰好为我们提供了转化的可能。

"曹冲称象"是个脍炙人口的经典故事，它不仅仅是利用了物理学中的浮力原理，还利用了数学中一个极为普遍的思想：转化思想。即把有待解决的问题，通过适当的方法，转化为已经解决或已经知道其解决方法的问题。许多耳熟能详的历史故事中，都蕴涵着十分深邃的数学思想，如若教师能将它们很好地运用在教学中，定能使学生在被深深吸引的同时，加深其对数学知识方法的理解。

教学研究案例

等积变形（二）
——六年级上册【圆面积计算】

一、复习准备

我们已经学习了圆的认识和圆的周长，谁能说说圆周长、直径和半径三者之间的关系？

已知半径，圆周长的一半怎么求？

（出示一个整圆）哪部分是圆的面积（用手指一指）？

这节课我们一起来学习圆的面积怎么计算（板书课题：圆的面积）。

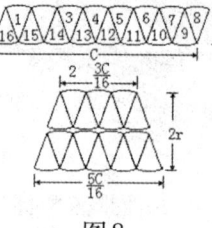

图8

二、学习新课

1. 我们以前学过的三角形、平行四边形和梯形的面积公式，都是转化成已知学过的图形推导出来的，怎样计算圆的面积呢？我们也要把圆转化成已学过的图形，然后推导出圆面积的计算公式。

决定圆的大小的是什么？（半径）所以，分割圆时要保留这个数据，沿半径把圆分成若干等份。

展示化"曲"为"直"的变化，如图8所示。

2. 动手操作学具，推导圆面积公式。

为了研究方便，我们可以把圆等分成16份。圆周部分近似看作线段，其中的一份是个近似的三角形。底是c，高是r。

用自己的学具(等分成16份的圆)拼摆成一个你熟悉的、学过的平面图形。思考：

（1）你摆的是什么图形？

（2）所摆的图形面积与圆面积有什么关系？

（3）图形的各部分相当于圆的什么？

（4）你如何推导出圆的面积？

（学生开始动手摆，小组讨论。）

指名发言(在投影仪前边说边摆)。

(1) 拼出长方形,学生叙述,教师随机整理板书:

因为长方形的面积 = 长×宽,又因为长方形的长等于圆周长的一半,即 $\frac{c}{2}$,宽等于圆的半径 r,所以圆的面积 s=c×r÷2,又因为 c=2πr,所以 s=πr² (如图9所示)。

$$长方形面积 = 长 \times 宽$$
$$\| \quad \downarrow \quad \downarrow$$
$$圆的面积 = \pi r \times r = \pi r^2$$
$$\boxed{S = \pi r^2}$$

图9

(2) 还能不能拼出其他图形?

学生还可以拼出:如图10所示。

……

小结:刚才,我们用不同思路都能推导出圆面积的公式是:s=πr²。这几种思路的共同特点都是将圆转化成已学过的图形,并根据转化后的图形与圆面积的关系推导出面积公式。

数学思想体悟

具有相等面积的图形,一般叫做等积形。由于圆的周边为弧线,不是直线,就无法用长方形的面积方法求解。但这也给了我们思考的空间。在面积公式推导过程中,老师介绍分割圆的方法,展示化"曲"为"直"的过程,然后引导学生自己动手操作,拼一拼,想一想,小组讨论,从各个角度推导出圆面积公式。这种数学学习活动很好地渗透了极限和转化思想。

在解算几何图形的面积时,有时仅根据图形所展示的信息,是十分繁难的,甚至无从着手。但在已知的图形上,适当增加一部分,割去一部分,或是由一个不规则图形调整变化成一个相对规则、熟悉的图形,再利用所得的新图形解题,往往会起到化难为易,以简驭繁的作用,从而获得简洁的解法,当然这种割补的变换要保证是等积变形,这同样属于"转化"的思想。

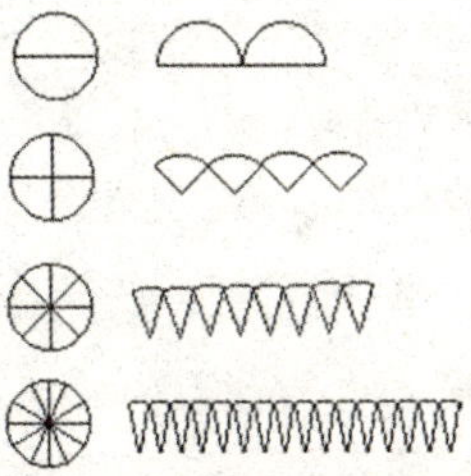

图10

在数学教学中，应适时地揭示、介绍一些数学思想，但是过于直接的"给予""引见"，小学生会感到抽象、生硬，把重要的数学思想方法通过学生日常生活中最简单的事例呈现出来，以学生容易接受的生活问题的形式，通过实验、观察、操作、推理等数学活动进行渗透，激发学生探索数学问题的兴趣和解决问题的意识，发展思维能力，让学生在活动中感悟数学思想方法，能让他们的体悟来得"生动"且"深刻"一些。

第三部分　我的反思之乐

由"分糖果"引发的故事

很早以前，与朋友分享过这样一个学习材料：作为船长，如果你需要造一艘船，那么你不必忙着张罗派人去采集木料，也不一定要急着为大伙分工指派任务，最重要的是要先激起他们对大海的渴望。我以为船长的这种领导秘诀在课堂教学中同样非常适用。

在初步了解了乘法的意义，学会用2~5的乘法口诀计算表内乘法的基础上，我们带领学生一同进入"分一分与除法"这一单元的学习。新课程告诉我们，只有真正让学生从自己的日常生活出发，从自己的亲身经验出发，通过摆一摆、填一填、分一分、圈一圈、画一画等实实在在的、生动丰富的感知活动，才能帮助他们逐步形成表象，在脑海中建立起等分活动与除法之间的联系后，真正体会除法的意义。铃声响过之后，我满面春风地拎着一大包糖果走进了教室。"今天是老师的生日，早就给大家许诺过，如果你们发挥得够好的话，老师要在生日这一天，请你们吃糖。"我笑着招呼说："今天这节课，就让我们一起来分吃这些糖果，分享老师的快乐，好吗？"在老师板书"分糖果"这一课题时，孩子们的心里已经乐开了花。

"因为小丽、小明、小华、小玉、小早这五位同学昨天的作业做得特别漂亮，所以老师精心挑选了20颗小白兔奶糖，提前奖励给了他们。"我将这五位同学拉起来，一一表彰之后，故做神秘地询问那些已经馋得发慌的孩子们:"你们知道,他们平均每人得到了几颗奶糖吗?"

原来老师早有准备,孩子们一边用羡慕的眼神睢着这些提前得到奖励的同学,一边纷纷举手说道:"他们每人分到了4颗。""猜猜看,老师是怎样将20颗糖果平均分给这5位同学的?如果猜对了的话,聪明的他同样可以提前分到一颗糖果。"我不慌不忙地又抛下一颗"糖衣炮弹"。也许是因为在前面的课时中安排了"分桃子"、"分苹果"等多次平均分活动,也许是因为那些亮晶晶的糖果太诱人,很快地,就有两位孩子走上台来,在实物投影仪下,再现了老师将20颗糖果奖给这五位同学的情景。

甲生:第一次拿出5粒,每人分1粒;第二次再拿5粒,再每人分1粒……

乙生:老师是想四五二十,每人4颗,正好分完。

于是,他们每人都提前分到一颗糖,喜滋滋地回到座位上。我继续询问:"还有谁愿意上来分分看。"学生安静了一小会儿,只见一个男生举起手来说:"喻老师还可以是第一次给每个小朋友分2颗,第二次,又给每个小朋友分2颗……"当然,他也得到了奖励。

"究竟谁猜对了呢?老师不说,但是,把刚才分糖果的过程记录下来了。"我将一份课前整理填好的记录单用课件动态地演示出来,如下表所示。

姓名 次数	小丽	小早	小明	小华	小玉
第一次	2	2	2	2	2
第二次	2	2	2	2	2

两次敲击键盘之后,这份平均分活动记录单便完整地展示出来,学生们很鲜明地看到了这一平均分活动的过程,一齐判定是最后那位男生猜对了。我不失时机地反问道:"前面的那几位同学分错了吗?"学生充

分发表自己的意见之后，老师小结说："尽管分的方法不同，但是最后的结果是一致的，都是把20颗糖，平均分成5份，每人分4颗糖。这些方法都是对的，你认为哪种方法够好，够快，你就可以选择那种方法来做。老师这里有100颗糖，打算平均分给班里的小朋友吃。"我再次举起那包诱人的糖果说："谁愿意当老师的帮手，来分发这些糖果呢？"孩子们的手一个举得比一个高。"我请……"我故做为难地犹豫着说："我请谁好呢？"我放下糖果，拿出一把小棒说，"让我们分组比比看，每组6人，要求把100根小棒平均分给你们组内的每一位小朋友，并把分的过程像老师刚才那样记录下来，哪一组的同学分工合作，任务完成得最出色，我就把这个分糖果的任务交给他们那一组。"

"预备——"看到孩子们捏小棒的捏小棒，拿笔填表的拿笔填表，一副紧张备战的样子，老师把手一挥："开始。"有的小组显然分工合作得不太顺利，但在我的提示与点拨下，很快进入了正轨。

我走近一个小组，只见一个小女孩正趴在桌上将他们小组长名单填在表中。这时，有人插问道："喻老师，是不是只要记一个字就可以了。"得到老师的认可后，这种快捷的记名方式迅速得到传播。刚才那个记全名的女生也赶紧把名字改写成一个字，而组内的另一个男生可能是小组长，正有模有样地将小组内课前分点好的100根小棒平分给组内的小朋友，一双双小手伸开着，接着分给自己的小棒，一双双眼睛盯着，看自己也看别人是不是分到了同样多的小棒。"第一次，每人10根……"女孩在同样的关注下，继续着她的记录工作，她分得的小棒，只能暂时摆在她眼前……

很快，有一个团结、灵活而齐整的小组脱颖而出，最先完成了他们的平分活动，组长将活动记录单交给老师，老师便在他们的组号下标注上一颗星，并叮嘱他们加紧时间，检查一下。其他小组也显得更加忙碌了。大约15分钟的活动时间后，老师做出活动暂停的手势，最后一个小组记录交回到老师手上，八个小组的记录单随着小组代表的汇报一一展示出来：

把100根小棒平均分给你们组的同学，如表所示。

1. 说一说可以怎么分。
2. 分一分并把分的过程记录下来。

一组：

次数＼姓氏	罗	戎	李	蔡	钟	杨
第一次	10	10	10	10	10	10
第二次	1	1	1	1	1	1
第三次	1	1	1	1	1	1
第四次	2	2	2	2	2	2
第五次	2	2	2	2	2	2
第　次						
第　次						
平均每人分到16根，还剩4根						

二组：

次数＼姓氏	张	唐	熊	朱	后	周
第一次	4	4	4	4	4	4
第二次	4	4	4	4	4	4
第三次	4	4	4	4	4	4
第四次	4	4	4	4	4	4
第五次	4	4	4	4	4	4
第　次						
第　次						
平均每人分到16根，还剩4根						

三组：

次数＼姓氏	罗	朱	黄	戴	米	王
第一次	10	10	10	10	10	10
第二次	6	6	6	6	6	6
第三次						
第四次						
第五次						
第　次						
第　次						
平均每人分到16根，还剩4根						

四组：

次数＼姓氏	胡	李	刘	朱	好	姚
第一次	10	10	10	10	10	10
第二次	5	5	5	5	5	5
第三次	1	1	1	1	1	1
第四次						
第五次						
第　次						
第　次						
平均每人分到16根，还剩4根						

五组:

次数＼姓氏	田	黄	张	刘	高	苏
第一次	10	10	10	10	10	10
第二次	1	1	1	1	1	1
第三次	1	1	1	1	1	1
第四次	1	1	1	1	1	1
第五次	1	1	1	1	1	1
第 次						
第 次						

平均每人分到14根,还剩16根

六组:

次数＼姓氏	徐	龚	周	郭	李	高
第一次	10	10	10	10	10	10
第二次	2	2	2	2	2	2
第三次	2	2	2	2	2	2
第四次	2	2	2	2	2	2
第五次						
第 次						
第 次						

平均每人分到16根,还剩4根

七组:

次数＼姓氏	杨	钟	贺	刘	喻	叶
第一次	10	10	10	10	10	10
第二次	5	5	5	5	5	5
第三次	1	1	1	1	1	1
第四次						
第五次						
第 次						
第 次						

平均每人分到16根,还剩4根

八组:

次数＼姓氏	彭	卢	丁	曾	涂	刘
第一次	1	1	1	1	1	1
第二次	10	10	10	10	10	10
第三次	5	5	5	5	5	5
第四次						
第五次						
第 次						
第 次						

平均每人分到16根,还剩4根

此时,这节课的时间已经剩下的不多了。我已经觉察到了这一点,只好匆匆总结说:"从同学们上交的记录中,我们发现,把100根小棒平分给组内的6位小朋友,应该每人分得16根,还剩下4根,对不对?"同学们齐声说:"对!"我满意地点点头。随后,便请出最先完成平均分活动的小组给同学们分发糖果,有懂事的孩子在接过糖果时,大声地说:"祝喻老师生日快乐!"

在课后的评课中,老师们对这堂课的褒多于贬。结合老师们的发言，我总结出两条最尖锐的问题：1．分组活动时，课堂纪律不太好，该如何有效而又有序地组织学生的分组活动，值得思考。2．对于那些活动记录单，老师还关注得不够，没有充分发掘与展示孩子们最丰富同时也是最可贵的思维活动的过程。要知道，我们的数学活动最值得关注的并非结果。教研员提议，可以在听取老师们的这些意见后，在另一个平行班上同一堂课，不妨把"分糖果的故事"做大一些，如果时间不够的话，是不是可以把这些记录单贴到墙上，课后，给他们足够多的时间，让他们观察、比较，甚至是反思，看看自己能够发现一些什么问题，能否解释或解决这些问题。

我采纳了这一建议，在另一个班里继续"分糖果"活动时，把前面的时间调整了一下，还把最后的分糖果活动放到课后进行。于是，争取到多一点的时间让孩子们自己去发现并做最后的课堂结语。一番激励之后，孩子们自己提出了许多问题，有的甚至一时间让老师无法做答。看到他们意犹未尽，老师便将记录单粘贴在小黑板上，让他们课后继续观察思考，并将自己的想法写进本周的数学日记当中。

以下摘录了部分孩子的问题与发现：

1．我发现很多组平分小棒的时候，都有一次是10根10根分的，和我们组的一样。这是为什么呢？爸爸告诉我，那是因为小棒的根数比较多，所以每次可以多分一些。

2．第五组的同学不应该得到老师奖的糖果，因为他们分错了，我算过了，他们还没有分完100根小棒，只分了84根。

10×6=60

4×6=24

60+24=84

3．我觉得第四组和第七组还有第八组的分法差不多是一样的。都是分了三次，分别是10根、5根、1根，只不过顺序不同。

4．喻老师，你其实今天应该请我们第三小组的同学帮你发糖，因为只有我们组只用了两次就分完了。这个办法是我想出来的，只不过米玉洁她写字写太慢了。

5．第二小组的分法最有意思，每次都是分4根，4×4=16，很好算。

6．第一组分的次数最多，他们分了五次。

7．喻老师，告诉你，第八组的同学他们分的时候是看了我们的，他们不知道可以10根10根的分，那样分得又快又好。他们开始还准备1根1根地分……

8．我们没看！我们是自己想办法想出来的。

9．今天的数学课真有意思，有比赛还有糖吃，我真希望每天都上这样的数学课。

………

我在"课后反思"中这样写道：华罗庚曾说过，唯一推动我学习的力量，就是兴趣与方法，而我今天这节课，我感觉最大的成功就在于激发了学生的学习兴趣，我把平分老师带来的"生日糖果"这样一件在日常生活中时常可以看到、听到的情境融入我们的数学学习活动中，最大可能地激发了学生活动的兴趣，吸引他们全身心地投入。通过组织学生自己动手平分小棒，并记录活动过程，然后根据活动记录单反思自己的平分活动，评价自己或他人的活动表现，最终寻求到一种解决问题的最佳方式，并由此为除法的出现与理解奠定扎实的基础，无疑是充分体现了以"问题解决为主线，以学生发展为主导"的教学思想，让学生在"做"中学，在"思"中辨，在"问题解决"中成长。

另外，多元的开放式的教学评价机制也是引发自己思考的一个重点。我曾经考虑过，如果由老师给单一的评分方法，虽然也能象征性地"操纵"学生摆一摆，分一分，虽然可以节约时间，但是其效果一定相去甚远。一来，他们没有独立思考，不可能真正有所收获；二来，他们并未真正的动起来，不可能有自己的创意和思想。只能是人云亦云，老师怎么说就怎么做，何来创新可言。只有放手让他们自己独立地摸索与探求问题解决的方法，至于对错、好坏，老师不直接判定也不重要，让学生一番思考之后，他们自然会有所得。

其实在1、10、15这样的平均分过程中，不就体现了学生一种独立思考中的"调整"、"优化"思想吗？首先是1根1根地分，自己会发现这样1根1根地平分太慢了，而且别组的同学似乎完成得比自己快得多，于是及时地做出调整，改成10根10根地分，再接下来，发现剩下的不够多，改成5根5根地分，一试果然能行……那时，他们的脸上露出了成功的喜悦。多么聪明，多么可爱的孩子，虽然他们有这样或那样的不足，但他们能够独立思考，能够面对现实，不断地作出调整，这样就足够了，其良好的数感与相关的数学素养，已经颇具雏形，其创新思维的火花也在不断地绽放，这能不让人感到欣慰吗？没想到，教学中一点新的思考与尝试，给我的生日也给孩子们带来如此多的快乐。当然，基于价值引导与自主建构相统一的"吸引式"教学主张，无论是精神的唤醒，潜能的显发，内心的敞亮，主体性的弘扬与独特性的彰显，还是经验的共享，视界的融合与灵魂的感召，都不是一蹴而就的事。在反思的结语中，我写道：对教师而言，有学者说教学主张只有走向教学风格，才会是真正的成功。萧伯纳说："一个人要是没有什么主张，他就不会有风格，也不可能有。一个人的风格有多大力量，就看他对自己的主张感觉得有多么强烈，他的信念有多么坚定。""海到天边天作岸，山登绝顶人为峰"，以自己的教学主张去追求教学风格，可能又是一次更高的引领和召唤，秉承"吸引式教学主张"，打造最富吸引力的生命课堂，这一追求将一路引领我走向教学改革和专业发展的深处，走向一个更高的平台。

个案4　享受过程，快乐成长

姓名：邓小兰
所在学校：湖南长沙市开福区东风小学
从教年限：16年
最喜欢的书：《给教师的建议》《孩子，把你的手给我》
最喜欢的休闲方式：球类运动

第一部分　我的成长之路

苏霍姆林斯基在《给教师的建议》一书中有一条建议是"争取学生热爱你的学科"。自从教以来，我一直将它作为自己努力的目标。作为老师，"让学生们把你所教的学科看做是最感兴趣的学科，让尽量多的少年像向往幸福一样幻想着在你们所教的这门学科领域里有所创造，做到这一点是你引以为荣的事"。我希望自己成为一名以学生为荣的老师。

我出生于一个普通的工人家庭，父亲是一名高级钳工，有一手精湛的技术；母亲是一名家庭主妇，能干的她把我们家打理得井井有条。从小，父亲认真踏实的工作作风就影响着我，母亲勤劳朴实的品质就熏陶着我，父母的言传身教时刻鞭策着我。

自上学起我就一直是老师眼中的好学生，德、智、体全面发展。中考时，我以衡阳市耒阳师范类考生第二名的成绩考入了耒阳师范学校，三年的中师生活，我认真学习，多次测评在年级中名列前茅，毕业时被评选为校优秀毕业生。1996年，我师范毕业，分配在长沙市天心区大托乡黑石小学教数学。

一、初涉讲坛

（一）急于求成

黑石小学地处城郊，交通不便利，信息闭塞，很少有外出学习的机会，幸运的是我在这里遇到了教学生涯中的第一位良师高祝远老师，高老师是一位有着二十多年教龄的数学老师，他上课不慌不忙，条理很清晰，学生很喜欢上他的数学课。我凭借初生牛犊不怕虎的闯劲，经常请高老师听我的课，并向他虚心请教。仍记得我执教的《3的倍数的特征》一课，自认为课上得还比较顺利，课后高老师问我了一个问题："学生在回答3的倍数的特征时，你为什么一次又一次地打断学生的回答呢？"我说："因为我担心学生会出错呀！"高老师笑着告诉我，课堂是一个允许学生出错的地方。细细品尝高老师的话，我为之一震，是呀，我太急于求成，以老师为中心在向学生"灌输"知识，我剥夺了孩子们说的权利！

在黑石小学工作的几年中，我常去听高老师的课，课余向他请教教学难题，聊一些教学中的困惑……渐渐地，我从最初的害怕学生在课堂内出错到比较从容应对每一次教学，我在不断地成长着。三年后天心区举行了教学小能手比赛，我通过校赛、片赛、区赛，层层选拔，最后在仰天湖小学执教的"整数、小数四则混合运算"荣获了区一等奖。这一荣誉的获得给了我莫大的鼓励。那堂比赛课我设计了计算比赛活动环节，让学生结合具体的生活情境，说混合运算的运算顺序，孩子们在交流中理解了四则混合运算的运算顺序。我想，当时那堂课之所以能成功，可能是我放手让学生去做，去交流了。

（二）关爱学生

一个老师仅凭课上得好不一定会得到每一个孩子的喜欢，小学生年龄小，你还得与他们交心。教学中我会先了解每一个学生的学习习惯、学习基础、学习难点，了解孩子的家庭学习氛围。针对不同的孩子采取对应的教育教学措施。代玮廷同学是个父母离异的男孩，爸爸长期在外工作，一直由爷爷奶奶管教，由于长辈的溺爱，他的学习习惯特别不好，经常不做作业，上课讲话，长此以往，数学成绩很不理想。针对他自控能力差，我与班主任商量，将他的座位从教室后排调到第一排，并让自控能力强的唐周与其同桌；针对他数学基础差，我经常利用课余及放学后的时间给他开小灶，同时让数学成绩好的同学与其建立师徒互助关系，用专门的互助本记录每天的学习情况；针对长辈溺爱的情况，我加强与家长的联系，要求家长督促孩子按时按量完成作业，经常打电话向家长反馈孩子的学习情况。每天，我在批改他的作业时特别细心，备注评语；每周我都要找他谈一次话，小结一周的课内外学习情况。在我的跟踪辅导下，代玮廷经常能在数学课上举手发言了，作业也不再迟交了，还得到了两张每月一喜报呢，毕业考试得了良。在省教科院对新课程实施的问卷调查中，他发自肺腑地写道："我以前不喜欢数学，数学太难懂了，如今，邓老师耐心地指导我，帮助我，用浅显的比喻讲给我听，还教给我许多思考方法，我越来越喜欢数学了。"代玮廷的奶奶是一位七十多岁的老人，曾步行两三公里到学校，气喘吁吁爬上四楼，为的是向我道声谢，望着满头银发的奶奶，我深感到了为人师的幸福！

师徒互助、喜报奖励、促膝谈心是我在教学中经常用到的教育方法，我用自己的爱心和耐心尝试去了解、教育每一个孩子。由于工作原因，咽喉炎发作声音嘶哑时，孩子们会悄悄地在我的教本里塞上盒草珊瑚含片……亲其师，信其道！我相信只要你发自内心地爱孩子，孩子们也会爱上你及你执教的学科！

二、课改实验的磨练

2004年，我调到了国家级课程改革实验区开福区工作，开福区的课改开展得如火如荼，经常会有开放的教研活动，为我提供了一次又一次的精神大餐。

我教学的飞跃期从执教新世纪小学数学实验教材开始。新世纪实验教材密切联系生活实际，内容新颖，给学生和老师提供了广阔而开放的学习空间。但是，对于这样的教材该如何把握，课到底怎样才能上好，我没有的把握。于是，我开始阅读大量的课改书籍，潜心钻研教材，从学生那儿借来了二、三、四年级的教材，了解学生已有的基础知识，每一个知识与老教材在教学方法、教学形式上有哪些异同，细心揣摩教学内容，精心备课，一节课通过多次的反复设计、修改来完善。课后，经常对自己的教学活动进行分析、研究，审视和评价课内的教学环节及效果。就这样，慢慢地，我能够驾驭新教材了。要提高自身教学水平，还得与同行多交流，于是我常开放我的课堂，上各级各类的公开课，公开课会给人带来压力，在承受压力的同时又会激发你前进的动力。我在一次又一次的磨课中取他人之长补己之短，迅速地成长。

（一）关注学生的学习过程

新课程强调教学要立足学生的终身可持续发展，发展学生的数学思维，作为数学老师我觉得任重而道远。植树问题是"奥数"中的经典问题，新教材将其编入《数学广角》单元，目的是以研究植树问题为载体，向学生渗透一些重要的数学思想方法，让学生通过解决生活中的植树问题，抽取其中的数学模型，发现一些规律，再运用发现的规律解决生活中类似的问题。可在实际教学时，老师们常会让学生去死记公式，学生常会因公式记得不牢或识别模糊而混淆，在长沙市第二届IT节上我也执教了这一课，在试教时区教研员易虹辉老师语重心长地对我说，教学的目的应该不仅仅是让学生能很快对各种植树的情况进行识别，并用公式进行计算，这只是机械的、浅层次的，更重要的是思考问题的方法，只要掌握了方法，即使忘记了计算公式或公式模糊了，还可以用方法将其找回来。是呀，让学生披露思维过程，这对一个数学老师来讲尤为重要。我真的很佩服易老师，年纪轻轻，就已经是享誉国内小学数学界的专家了，她特别尊重孩子们的思维。日后我的教学多次得到易老师的指点，她的"以人为本""数学课要上出数学味"的教学理念深深地影响着我，促使我的教学日趋成熟，我的课堂不再是蜻蜓点水式地浮于表面，而是追求朴实的、有深度的课堂。

渐渐地，我在课堂上会更多地关注学生的学习过程，也会有意无意地引导学生借助画图、列表、举例等方法去解决问题，慢慢地班上的学生学习数学不再浮躁，不再畏难了，他们学会了思考，每当看到学生灵活运用合适的方法来解决问题时，我就很兴奋，我高兴的决不仅仅是孩子们做出了几道数学题，而是他们的思维能力得到了提升。题目是做不完的，唯有方法的渗透才能使学生终生受益，只要掌握了方法，任何难题都会迎刃而解的。

(二)"不完全归纳法"的启示

容积是个比较抽象的概念，首次教学时我设计了倒水的演示活动：先出示一个装满水的杯子，指出杯子所能容纳水的体积就是杯子的容积。接着我又列举生活中的例子：奶粉桶、茶叶桶的容积的含义，然后组织学生小组交流"举几个有关容积的例子"。学生似乎理解了容积这个概念，但是在应用容积这个概念解释生活中的现象时，如出示没有装满东西的冰箱图片，问学生："冰箱的容积是指什么？"学生回答："冰箱里面装的东西的体积就是冰箱的容积。"这时我又不得不再次将容积的含义加以解释。我不禁在想：我的教学难道仅仅是让学生机械重复容积的概念吗？如何让学生真正理解容积的概念呢？怎样教学能让学生的思维得到提升呢？我请教了数学特级教师盛建武老师，盛老师告诉我要让学生领悟到概念的内涵和外延，用不完全归纳法得出容积的概念。专家一席话让我豁然开朗，于是我又进行了第二次教学，首先演示向一个空杯子里倒满水，问："现在杯子里面还有空间吗？为什么？"得出杯子里面所能容纳水的体积就是杯子的容积。接着又问："杯中除了装满水，还能装什么呢？"生1："牛奶。"生2："装石头。"生3："不行，石头之间有缝隙。"生4："那可以再加沙子把它装满。"生5："沙子的体积和石头的体积加起来就是杯子的容积。"与前面老师的举例、学生的重复举例相比，学生对容积的概念已经深刻理解了。从这次教学中我深深体会到：教师在教学时必须要先领悟一定的数学思考方法。教育者要先受教育，因此教师不仅要钻研教材，还要加强理论学习，这样才能从更高的思想高度指导学生学习。正如《实践论》中所说："感觉到了的东西，我们不能立刻理解它，只有理解了的东西，才能更深刻地感觉它，感觉只解决现象问题，理论才解决本质问题"。

在一次又一次的磨课中，反思我的教学行为、教学设计已成为了日常教学中的一种自觉习惯，我撰写的二十多篇论文、教学设计、教学反思获奖，有部分还发表在国家级教学杂志……正是源于对教育的高要求、对教学的痴爱，我尊重学生，学生渐渐地喜欢上我的数学课了，他们在课堂上越来越积极，乐于探究，勇于表达自己的见解。文璇的妈妈说："我家的孩子原来很害怕数学，现在邓老师来了后，她回家经常讲数学课上的事，可以做实验、进行实践活动呀，她喜欢做数学作业了，学得越来越有味了。"我想，当一个老师能让学生讨厌的学科知识变为他们的津津乐道时，这样的老师她自己和她所执教的学科一定会被每一个学生所深深地喜爱。

（三）做一个爱读书的人

2009年7月我调入开福区东风小学工作，东风小学是一所文化底蕴深厚的名校，"做一个爱读书的人"是它的校训。校长陈霞带领了一支博览群书、爱生如子的教师队伍，学校书香氛围极浓，让每一个孩子都能在浓浓的书香中得到心灵的滋润和洗礼。仍记得我第一次踏进东风校园就感觉自己踏进了一个书香四溢的世界，我被学校的读书长廊深深地吸引住了，一口气读完了所有的经典儿童文学作品简介，然后就一本一本地买来细细品读；我如孩子般期待着每周学校的美文赏析、好书推荐；我如参加重大盛宴般地欣喜于每年的读书节活动，我如饥似渴地读着教育大师的作品、儿童文学作品乃至儿童绘本……渐渐地，我发现教师必须真正走近孩子，守望童年，当我带着这样的一种心态走进课堂时，急躁少了些，对孩子们更多了一份耐心，更能站在儿童的视角看待问题了。阅读打开了我教学的另一扇窗，更坚定了我的教育思想：教育是慢的艺术，要心平气和地对待每一个学生，对待学生的错误，我得静听花开的声音！

三、名师工作室的提升

2010年我有幸加入了开福区数学名师工作室，成为了一名区级名师，多了与外界同行交流的机会，眼界更为开阔了。在工作室，我结交了一群志同道合的热爱数学的同行，我们集体备课，常为一个教学细节的处理各抒己见，常为一个精彩的教学片断欢呼雀跃；我外出学习，参加了全国的数学研讨活动，近距离接触数学大师们，饱览了大师的风采，聆听了智慧的数学课堂！身为开福区数学名师工作室的成员，我走在教研的前沿，通过教材分析、教研课，引发了全区数学教师的共鸣与思考，通过上全区的教研课进一步提升自我的教学水平。

（一）读懂学生

2010年我随名师工作室赴江苏参加了海门论坛活动，这次活动全国小学数学界极具影响的名师汇聚一堂，向我们展现了数学课堂的无尽魅力，大师们的课堂条理性强，语言简洁明了，善于启发，课堂气氛活跃，润物无声地渗透数学思想与方法。它带给我震撼，温情，智慧……本次活动中提到的儿童数学教学心理对我触动最大："数学教学应该首先有自己的学科气质，但又必须认识到对象是儿童，基于儿童的认知心理，在数学和儿童之间找到最佳平衡。"心理学对我来说是一个熟悉又陌生的领域，上师范时接触过这门学科，感觉平时的教学工作中常会用到它，可是虽然一直在用，但用觉得自己好象又似懂非懂，用得不透。从海门归来，工作室的老师们一致意识到要想提高自身的业务水平，要好好研究儿童数学学习心理。于是我们确立了"基于儿童数学学习心理的课例研究"的课题，我研读了张兴华老师的《儿童学习心理学与小学数学教学》等书籍，将书中学到的理论用于实际教学中，"面积""分数的初步认识""数字编码""年、月、日""一亿有多大"……我制定课前问卷调查，根据孩子们的认知起点设计教学，提供给孩子们鲜活的事例，设计有价值的可操作的活动，帮助孩子们积累相关的数学活动经验。近两年研究我感觉只有理论联系实际，理论指导实践，才能更多地理解儿童，走进儿童的心理。

（二）成为导师——教学相长

我于2010年、2011年担任了国培班学员的导师，这些学员是来自各地市州的骨干老师，他们自身有着丰富的教学经验，作为还在成长路上的我来说，深知担任他们导师还有许多差距，可教学相长的理念让我充满期待地接受了导师的工作任务，我认为与其说是我指导他们的教学，更确切地说是我与他们的共同研讨，相互学习。我们交流自己的教学困惑、教学心得，我带领他们品读优秀课例，推荐他们阅读经典的教学书籍、杂志。忘不了2010年来自常德的刘老师在上完《找规律》一课后的意犹未尽；忘不了他们听了我上的《搭配中的学问》后，称之为"原生态的高效课"，老师们在我办公室里聊得连吃午饭的时间都错过了……因为这一次又一次经历，不断地促使我学习，再学习！

结束语：

我从事小学数学教学已十八年了，十八年来我默默地付出，体会到一线教师的辛劳，孩子们带给我的惊喜日益增多！细细想来，正是心中坚守的那份对孩子们无私的爱，才让我在课堂里看到了孩子们灿烂的笑容；正是言行中对孩子们的尊重，才让孩子们在课堂上敢想敢说敢做；正是在平淡的日子里的辛苦耕耘，才有了一些成功与收获……路漫漫其修远兮，吾将上下而求索，在漫长的教学的道路上，我将不断完善自我、超越自我！

第二部分　我的研究之旅

小学数学教学中的"数形结合"

美国著名的心理学家和教育学家布鲁纳曾指出："掌握基本的数学思想方法，能使数学更易于理解和记忆，领会其中的数学思想和方法是通向迁移大道的'光明之路'。"数形结合是数学教学中不可或缺的教学思想，它将抽象的数学语言与直观的图形联系起来，揭示了数和形之间的内在联系，实现了抽象概念和具体形象之间的转化，这对于以形象思维为主的小学生来说尤为重要。但是，贯彻这一思想时，我们必须要尊重和重视学生的联想、推理和创造能力，以引导为主，这样才能避免机械和呆板的灌输，才能最大限度地发挥这一教学思想的教学效果。

一、在计算教学中借助图形语言帮助学生理解算理

计算教学在小学数学中占有举足轻重的地位，学生计算技能的好坏在一定程度上影响他们的数学学习水平。以前教学计算时，我会直接告知学生计算法则，然后再让学生做大量计算题强化记忆法则，那样的课堂在学生眼中只是枯燥的计算而已，学生对法则、算理的不理解导致了计算的盲目性和机械性。因此，如何帮助学生有效地理解算理，便成了教学的关键。我尝试用数形结合的方法教学，以便有效地帮助学生理解算理。在教学分数除法时，学生在讨论"分数除以一个数为什么要乘以除数的倒数"时，以 $\frac{4}{7} \div 3$ 为例，我引导学生画了图进行说明，如图11所示：

图11

一张纸的 $\frac{4}{7}$，把 $\frac{4}{7}$ 平均分成3份，其中的1份是 $\frac{4}{7}$ 的 $\frac{1}{3}$，$\frac{4}{7}$ 的 $\frac{1}{3}$ 就是这张纸的 $\frac{4}{21}$。

分数除法是分数乘法的逆运算，两者之间联系紧密。如何找到沟通新旧知识的桥梁？图形语言给了我们最好的答案。因为有了学生画图，学生才会从图形中感悟出了"把一个数平均分成几份，就是求这个数的几分之一是多少"，不仅加深了学生对所学内容的理解，为分数除法计算法则中枯燥的文字提供了直观表象，而且还给学生分析问题、解决问题提供了思路，有效地防止了学生将计算法则死记硬背的机械学习，达到了对分数除法知识的深层理解。算理是抽象的法则，图形是具体的形

090

象，用具体来表征抽象对于帮助学生理解数学中的法则是很好的教学手段。

二、在概念教学中利用数形结合帮助学生经历概念的形成

过去我一直认为概念教学只要教师讲得仔细，学生能记住（背出）概念的定义，然后教师设计练习题，让学生在练习中加深、巩固，这样就算完成了教学任务。然而事与愿违，许多学生虽然能完整地背出概念，也能在大量的概念的变式练习题中基本掌握概念的含义，但是却在联系实际生活解决相关问题时表现出一知半解、逻辑紊乱。通过一次又一次的教学实践，我明白了：概念的学习与建构必须通过大量的事实和操作活动，让学生经历概念的形成过程，这样学生对概念的理解就会在头脑中生根发芽。画图不失为一项不错的操作活动。在教学《小数的意义》一课时，我就成功运用了数形结合帮助学生沟通小数与十进分数的联系。我要求学生在正方形的纸上表示出0.1那样大的一块(规定正方形一面的大小用"1"表示，学生动手操作，用直尺分一分，用彩笔涂一涂，表示出自己心中所理解的0.1的大小)，学生有不同的表示方法，如图12～图14所示：

图12　　　　图13　　　　图14

接着我组织学生讨论"0.1到底表示多大呢"？谁的表示方法是对的？"图1表示不对，画得太小啦。""图3画对了，他把这张纸平均分成了10份，其中的1份就是$\frac{1}{10}$，也就是0.1。""图4和图3表示的是一样大的,它们都是把正方形平均分成了10份，涂了其中的1份。"通过画图呈现了学生对小数意义理解的不同思维水平，有的学生仅认为0.1很小，是一个比1要小的数；有的学生能清晰地认识到此0.1就表示$\frac{1}{10}$；学生之间的差异成了教学的有效资源，在这种相互交流中，学生经历理

解了一位小数的意义。

三、在解决问题的过程中渗透数形结合提高学生的思维能力

解决问题一直是小学数学教学的难点，学生常会被问题中的数量关系搅得思维混乱。数形结合，可以帮助学生把数量关系的问题转化为图形的问题，使复杂问题简单化，抽象问题具体化，化难为易。由于平时教学的渗透，学生们在二年级时对图形就已经比较敏感了，学生的表现给了我大大的惊喜。在解决如"苹果和梨共18千克，苹果比梨少2千克，求苹果和梨各多少千克"这样较复杂的关系问题时，学生画了线段，如图15所示。

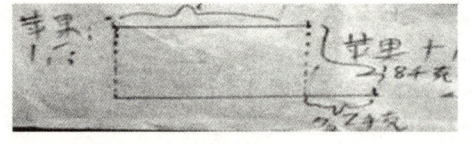

图15

"这条线左边表示苹果和梨同样多的部分，右边是表示梨多的2千克，我先用18－2=16得到同样多的两份，然后16÷2=8，就是苹果的重量，最后8+2=10，就是梨的重量。"谭文捷讲完后，同学们不约而同地鼓起了掌。何远哲说："我也画了线段图，可是没想出怎么做。原来谭文捷比我更高明的地方是她还画了一条虚线，这真是一条神奇的线呀！"我说："是呀，这幅线段图再加上这条神奇的线，帮助我们将题目中复杂的数量关系变得简单明了，这条线我们就叫做解题的辅助线，神奇的辅助线！"不一会儿，李哲帆同学站起来说："我也有神奇的辅助线，不过位置和谭文捷画的不一样。"他又展示了他画的图，如图16所示。

图16

李哲帆同学图刚一画完，马上就有同学明白他的意思了，说出了解题思路："先假设苹果和梨同样多，18+2=20，然后20÷2=10，求出梨的重量，最后用10－2或18－10就求出苹果的重量了。"更有学生发现了两幅图的区别，图15是以苹果为标准，先求出苹果的2倍，再求1倍；图16是以梨为标准，先求梨的2倍，再求1倍。后来，我要求学生总结解答这个问题的经验时，学生的回答更是妙语连珠："我觉得画图很有

用，能帮助我们解题。""画图前也要想清楚题目中的数量关系，神奇的辅助线就是假设了苹果和梨同样多的部分，这个关系很重要！"练习讲评至此，我不禁给孩子们竖起了大拇指！类似的数学问题曾在五年级的时候教过，当时正学习方程，高年级的学生会用设一个未知数的方法来正确求解，可如今，这样的问题在这群稚气未脱的二年级小朋友面前变得如此简单，事后学生们对神奇的辅助线还在津津乐道呢！

数学实际上是一类抽象工具的集合，就如同使用集中了螺丝刀、扳手、钳子、锤子等的工具盒一样，老师应该放手让学生自己选择工具和材料，培养他们灵活设计和搭建各种物件的能力。数形结合就是一件非常重要的工具，因此，老师要在日常的教学中有目的、有计划地渗透数形结合的教学，使学生逐渐形成数形结合思想，并成为他们学习数学、解决问题的工具。

四、"数形结合"之"点阵中的规律"教学设计

"点阵中的规律"是新教材安排的一个以综合应用的形式呈现的探索规律的活动，该活动是帮助学生建立数学模型的较好素材。它由4组点阵组成，每组点阵都是通过观察前后图形中点的变化情况，从而推导出后面图形点的个数及排列规律，通过"点阵中的规律"的学习，让学生学会利用数形结合观察点阵图，了解数形结合的数学思想并渗透数学模型的变化规律是教材内容的数学核心思想。

活动内容	活动的组织与实施	设计意图
（一）导入	1. 巧填数 2 4 6 （ ） 10 12 3 6 9 12 （ ） 18 2. 介绍点阵：老师在黑板上画1个点，说明点是几何中最基本的图形，许多点排列起来可以构成一个点阵。点阵是非常有趣的图形。今天我们就来研究"点阵中的规律"（板书课题）	巧填数从学生已有的学习基础出发，说明数与数之间存在规律；介绍点阵为帮助学生建立数与形之间的联系作好了铺垫。

活动内容	活动的组织与实施	设计意图
（二）引导探究发现规律	1. 集体研讨活动：出示点阵，提出问题（附多媒体展示） 第一组点阵： (1) 这是什么形状的点阵？ 生：除第一个外，其余的点阵图都是三角形。 (2) 前后图形点的个数是如何增加的？ 生1：我发现三角形的顶点都是1个点，每加一层就比上一层增加了1个点。 生2：我是斜着看的，三角形都往斜上方增加了2、3、4个点。 师：同学们从图形的变化中发现了点阵的个数增加的规律，研究得非常好，但是如果每个点阵中的点的个数再多一些，该怎样求出点阵中点的个数呢？ （先独立思考1分钟，再小组讨论、交流） 生：我们小组分析了前面几个点阵图和相对应的算式的特点，认为这组点阵图点的个数的规律是：1，1+2，1+2+3，1+2+3+4……如果是第n个点阵，就要加从1加起，按顺序加到n。 师：总结得很好！请同学们根据这一规律说说第5个点阵有多少个点，并画出这个图形。 （一名学生在黑板上画第5个点阵图） 师：第6个点阵有多少个点？第10个点阵呢？你能想象它们的样子吗？ 第二组点阵： 师：请同学们仔细观察这一组点阵，说说你有什么发现？ 生1：第一个点阵有1个点，第二个点阵有4个点，第三个点阵有9个点，第四个点阵有16个点。 生2：这是一组正方形点阵，第二个可以看成边长是2的正方形共有2×2=4个，第三个点阵可以看成3×3=9个，第四个点阵是边长4的正方形，共有4×4=16个点。 师：生2把点阵中点子的数量与正方形的面积计算联系起来了，这种联想真了不起！ 生2（高兴地补充）：我认为如果有n个点阵的话，它的规律应该是：1×1，2×2，3×3，4×4……n×n	通过有针对性的提问，引导学生从图形的基本形状、前后图形点的个数增加的规律、前后算式的特点三个方面（即利用数形结合）进行观察。 引导学生自己归纳概括规律。老师随机说出第n个点阵，要求学生想象并描述图形的样子，有效地培养了学生的类推能力、空间想象力。 学生已有了学习第一组点阵的经验，第二组提出个开放性的问题"说说你有什么发现"让学生畅所欲言。实践发现学生出现了不同的观察角度、不同的思考方法，给我带来了惊喜。

活动内容	活动的组织与实施	设计意图
	生3：老师，我还有不同的想法，第一组点阵的算式是按加法依次增加1个的规律，这组点阵也可以用加法来计算。我是垂直地看的，（生上台指示）第二个是1+3，第三个是1+3+5，第四个是1+3+5+7…… 师（惊喜地）：生3太棒了，老师真佩服你，你的想法很独特。"垂直地看"可以在图中用折线画出来（师操作）。按照生3的方法，这组点阵点的个数还可以怎么算？有什么规律？ 生4：这样划分以后，它们的个数就是用相邻的奇数相加了，第n个点阵就连续加n个奇数。比如第8个就是1+3+5+7+9+11+13+15=64个点。 1. 自主学习第三组、第四组点阵 生看书自学，完成教材中的画图与计算。 小组交流自学收获。 集体汇报。 学生从数与形的联系上依次进行了汇报，在交流第四组点阵时，学生除了发现了教材中的规律外，又有了新发现：	
（二）引导探究 发现规律	生1：我还有一种发现，我以前3个点阵三角形为基础，依次往斜上方增加3个就变成了梯形，第一个是3+3×1=6，第二个是3+3×2=9，第三个是3+3×3=12，第四个是3+3×4=15……它的规律是：3+3×n 师：生1的想法和教材的不同，他向教材进行了挑战，发现了一种新的规律，这种超越教材的想法值得大家学习。 生2：我也还有一种想法，这组点阵我全部把它看成梯形，可以用梯形的面积计算公式算出点的个数。第一个是（1+3）×3÷2=6，第二个是（2+4）×3÷2=9，第三个是（3+5）×3÷2=12，第四个是（4+6）×3÷2=15…… 生3（迫不及待地）：我看出来了！这些梯形都是由三行点子组成的，第一行与第三行相差2个点，梯形的高就是3，如果是第n个点阵的话，就是用[n+（n+2）]×3÷2来计算。 （我不由自主地为学生们的精彩发现鼓起了掌）	自主学习给了学生更多的空间，学生的新发现离不开独立思考与老师的激励。

活动内容	活动的组织与实施	设计意图
（三）应用拓展	1. 点阵设计大赛： （1）设计时间：5分钟 （2）设计要求： a. 每人设计一组有规律、美观的点阵图，画出前4个点阵，并用算式计算出每个点阵的数量，然后在小组内交流自己的设计方案。 b. 每组评选出优秀作品，派代表说明设计的方法及点阵中的规律。 (3)优秀设计作品将在班级"学习园地"展出。 2. 练习：几何模型的变化规律：教材81页1、2题。	通过设计活动激发学生的学习兴趣，在设计活动的过程中感悟数形结合的思考方法。
（四）总结	谈谈你本节课的收获。	谈感想，总结观察的方法，激发学生进一步探究数学模型的欲望。

本案例的教学我指导学生先观察点阵图的变化，同时依据多媒体课件动画直观演示点阵的变化，帮助学生建立数与形之间的联系，引导学生探究规律，学生学习兴趣浓厚，思维活跃，教学过程中精彩纷呈！

第三部分 我的反思之乐

老师，我也想去呀！

本学期，我准备为二年级学生上一堂《克和千克》的教研课。为检测一个教学实验环节的可行性，需要6名学生参与试教。教研课的前一天放学后，我到教室对孩子们说："老师明天要带6名同学到实验室去做个实验，谁愿意去呀？"孩子们马上小手如林，"我想去！""我也想去！"我根据孩子们日常表现，分好中差各随意点了几个，随后听到了许多没被选中的孩子"唉"的叹息声。想着还要做教学准备，我匆匆地离开了教室……

晚上十点了，当我准备休息时，"叮铃铃"电话响了，原来是学生扬扬的妈妈打来的，她说扬扬因为明天不能去做数学小实验，认为邓老师不喜欢他了,回家后一直闷闷不乐,还在哭鼻子不肯睡呢……我闻之一震,忙向家长解释了事情的来龙去脉,然后与扬扬在电话中进行了沟通。

扬扬抽泣着说:"老师,我也很想去做明天的小实验!您没叫我去,是不是我表现不好呀?"

"不是!"我肯定地回答,"你一直是老师心目中的好学生,在数学学习上你可是同学们学习的榜样哟!"

"可是你叫了小宇,小宇的成绩没有我好呀!"扬扬停止了哭声,但仍然很委屈。

"小宇的成绩暂时有些落后,可老师认为他一直在努力,在老师心目中他也是好孩子。老师明天的试教需要了解不同水平的学生表现情况,这次你没去没关系,以后还有这样的机会老师会叫上你的。"

"那好吧,老师,我可喜欢上数学课了,下次您要记得叫上我啦!"

在我的说服下,扬扬终于满意地挂上电话后入睡了。可我却陷入了深思……

扬扬因"多心"而哭泣给了我一个警醒。扬扬聪明伶俐,成绩优异,是班上的宠儿,可今天他仅仅因为失去了一次参与试教的机会,就伤心至极,受不得一丝挫折与委屈,想想人生未来的成长道路上是不可能一帆风顺的,希望扬扬随着年龄的增长能明白这一点!教育的道路任重而道远呀,身为人师,我们要从点滴小事入手,在孩子们年纪还小的时候,就要循序渐地的培养孩子良好的心理素质,这样,孩子们的成长之路会少一些脆弱,多一份体谅、坚韧和豁达。

同时我也为自己今天的"随意点名"而自责。我太大意了,面对孩子们的唉声叹气,我竟无动于衷!为何没有站在孩子们的立场多想想呢?如果我事先向孩子们详细说明做实验的目的及要求,或者从班上抽一个小组的孩子去,这些方式或许可以避免像扬扬这样争强好胜的孩子的"多心"。一个教学细节处理的不当,不仅挫伤了一部分孩子的学习积极性,而且长此以往孩子的种种猜测("老师是不是不喜欢我了?")将会导致自信心的缺失,这将是对孩子莫大的伤害。

"知花莫过育花人,育人要比育花难。"身为人师,我们要常站在学生的角度去思考,用学生的感受去体验,快乐地从事教学工作,那样,孩子们的学习成长之路将幸福很多。

个案5 "梦"在脚下延伸

姓名：杨喜梅

所在学校：长沙市开福区三角塘小学

从教年限：24年

最喜欢的书：《爱弥儿》《数科学的语言》

最喜欢的休闲方式：散步、看书

第一部分 我的成长之路

追求教师的梦想

我出身于一个普通农民的家庭。家里姊妹多，父母无暇顾及，我的童年在放养式的教育中度过。这给予我很大的自由空间，也养成了我"野孩子"的性格。进入小学阶段的学习，我的启蒙老师是一位年长的老教师，她是一个严谨、认真的人，自然对待我们这些野孩子也要求严格，在她的耳濡目染之下，我的野性慢慢收敛了一些。经常听姐姐说她们的数学老师是多么好，她们的数学课是多么生动有趣。我却不以为然，数学课不就那样吗，一点枯燥的数字还能变出多少花样来？有一次，在经过姐姐她们教室的时候，我停住了脚步，她们正在那里上数学课，学的是简便运算。只见讲台上一位年轻的女教师在那里讲解某一个例题，生动浅易的话语，生活情境的案例，一下子把我吸引住了。她那专注的表情融合在抑扬顿挫的声音中，点缀在一双双求知若渴的眼神中，简直是一幅绝美的图画。她深入浅出的分析让我这个对数学并不爱好的人也觉得学习数学是一件很美好、很开心的事情。从那以后，只要一有时间，我便趴在姐姐教室的窗台上，听我心仪的那位数学老师上课，也是从那时开始，我便喜欢上了数学。更想长大以后能成为像她那样的数学老师。

这样的日子过得很快，转眼就进入了初中的学习。初中的日子忙碌而充实，却也是人生理想的起点。有了小学阶段两位老师给我的潜移默化的影响，到了初中阶段，我的想法便有了方向。在一次全校的"我的理想"演讲赛上，我在全校一千多人面前袒露我的心声：长大以后，我也要像我深爱的那两位老师一样，当一名光荣的人民教师，成为燃烧自己，照亮别人的蜡烛；成为默默耕耘，甘于奉献的人梯……非常幸运的是，几年之后我顺利的实现了自己的理想。

寻找教师的快乐

走上三尺讲台，望着那一双双明亮的眼睛，我知道那里的世界很丰富。也真正感到教师这一职业的神圣，也感到了肩上的重量。也许很多老师都有与我类似的经历和感受，当我们挑灯苦熬，精心备课，辛辛苦苦传授学生知识，却发现他们的热情不高；当我们认真投入对他们晓之以理、动之以情，却发现那些调皮的孩子依然我行我素；我的心一点点冷却下去，有说不出的恼火、伤心，甚至对着学生大声训斥。同时，这些孩子又能一次次地温暖我的心田。

记得有一天中午，我把班上的郑家林留在教室里改错。那是一道很简单的题，全班只有几个同学出错。他是其中之一，于是我很尽心地给他补习，希望他能有所提高。这道题我开始一遍又一遍地讲，整整五遍，他依然不解其意。我真的不知道还能怎么办，只觉得满腔心血付之东流，那种委屈、愤怒使得我对他在心里产生了"怎么这么蠢"的念头。于是，我带着一点生气的表情，对他说："行了，你先好好想想，都是上课讲的东西怎么还不理解，给你补习你也听不进！"说完，把红笔往桌上一放，心里就像有团棉花堵着。也许是我用力太大，只见红笔吱溜就滚到地上去了。"糟了，我的红笔报销了。"于是，我赶忙站起来找，说也奇怪，明明看到掉到地上去的，怎么就找不到呢？周围的同学也在帮忙找，还是一无所获。"老师，在你卷起的裤脚上。"只见郑家林同学用最快的速度俯下身，捡起红笔递给我，我这才发现，我的裤子上已经有一大片红墨水印了。"老师，别着急，我妈妈知道怎么洗，我要我妈妈帮您洗干净，好吗？"一瞬间，我满腔的委屈和怒火都被他天真无邪的眼神冲散了，我那堵着棉花的胸口涌出一阵感动，我开始自责，他不过是个孩子，怎能去苛求他，每个孩子的接受能力都不一样，再说，学会也有一个过程，怎么能这样急于求成呢？学会不厌其烦，学会寻找孩子身上的闪光点，让每个孩子树立起信心，这才是我应该做的啊！

从那以后，每当学生调皮时，退步时，违纪时，我总是告诉自己：对学生多一分理解，少一分责备，多一分宽容，少一分苛求，用爱心去感化他们，引导他们。

教师固然有着别人无法理解的艰辛，但同样有着别人无法体会的幸福！

难忘下课时，几个同学悄悄地告诉我："老师，我们真想喊您一声：妈妈，爱妈妈！"从那以后，他们遇到我，总是叫我妈妈或爱妈妈。

难忘教师节时，学生们用稚嫩的小手制作并不精美的卡片，卡片上写着："老师，节日快乐……"

难忘学生考试成绩不理想，我很生气难过，几个学生反过来安慰我："老师，您别难过。我们下次一定努力考个好成绩。"

这是一种怎样的感动，我还有什么理由不加倍努力工作！

……

当你用心去爱你的学生，你收获的不仅仅是讲台上那一束束美丽的花，耳旁那一声声清脆的"老师，您好"……更多的是一种为人师的幸福、自豪。那么，我们有什么理由不去爱这太阳底下最光辉的事业，有什么理由不去爱我们的学生呢？让我们把爱的火炬传递给学生，为爱插上翅膀，让爱在万顷碧波、蓝天白云间飞翔！

品味教师的甘甜

教师是一份奉献的职业，也是一份需要辛勤耕耘的职业。为了不断提高自己耕耘的能力，我不放弃任何学习的机会。在长沙市首次进行"珠心算"实验时，我便利用放假的时间，积极参加培训，认真学习，圆满地完成了培训任务。多次参加市级骨干教师培训，虽然时间长（有的长达一个月），任务重，天气又炎热，但我始终积极投入，严格遵守考勤纪律，专心学习，认真思考。我积极和同行相互交流、研讨学习并参加在长沙市"校本研训一体化"活动。一次次聆听专家、教授的精彩报告，近距离地和他们接触、交流后，自己的业务素养和业务能力得到进一步的提高，对自己的教学给予很大帮助，更加坚定自己终身学习的信念。

随着新课程改革的不断深入，我清楚地认识到：只有自己先转变，才能让课堂有改变，岁月的流逝中，不变的是人生的追求。我有一条信念："一个人的努力，就像一条无限延伸的直线。"我在平凡的教师岗位上坚持不懈地努力着，我应成为给学生创造幸福童年的新型教师，成为走在新课程行动研训队伍中的一名出色的修炼者。我清楚地知道，教师永葆活力的妙法就是做研究型、学者型教师。教学中，我从课堂入手，在自己认真钻研教材的基础上，寻找最佳教学方法，努力使每一节课有质有量，有效果有活力，让学生在轻松愉悦中学习，体验成长的快乐，享受童年的乐趣。我参加市级三算实验研讨，积极和同行切磋、交流，进行课堂教学探讨，所执教的三算公开课荣获市二等奖。我积极投身课程改革，所上的研讨课《游戏公平》《辨认方向》《上下》等多堂研讨课分获国家、市、区级奖励。多篇教学案例如《图形的变换与反思》《可能性的大小》等获国家、省、市级一等奖。新课程改革以来，我就养成了一种很好的习惯，就是认真总结反思，将自己在教学中的得与失，思考与困惑不断总结与提炼，这么多年来，所写的教学札记已有厚厚一叠，所写的论文、札记多次获得全国、省、市、区级奖励。自己也在不断总结与反思中逐渐成长、成熟。如论文《也谈学生个性思维的评价》在2008年度论文评比中获市一等奖。论文《浅析数学课堂教学中的创新思维》在创新优秀论文评选中获省二等奖。论文《都是教材惹的祸？——从一个判断题看新教材的变化》在省优秀学术论文评审中获一等奖。论文《用赞美的语言释放孩子的快乐》获市二等奖。论文《正确评价学生个性思维》获省二等奖。论文《正确处理教学目标预设与课堂生成关系，提高教学有效性》获区一等奖。撰写的小札记收入《新课程，新体验》一书；《新课程背景下，如何对学生进行学习习惯的培养》收入《新课程教学问题解决实践研究》一书；《计算命题的新变化》发表在2012年第2期《小学数学教育》上；《一节丰富多样的数学课》发表在2011年第12期《新世纪小学数学》上。

实现教师的价值

不知不觉，我的教育教学生活已度过了二十多个春秋，和孩子们在一起的每一个日子里，我是那么地充实，那么地快乐，也许我是属于孩子们的。班上有个学生叫周金霖，比较有个性。有段时间她总是闷闷不乐，找她谈话，她什么也不说，后来，从其他同学那里得知，她和自己最要好的朋友因为一个小误会闹翻了。于是，我找到和她要好的同学，了解到具体情况，并做通这个同学的思想工作，勉励她珍惜友谊，主动与周金霖和好。之后，周金霖同学主动找我，问我是一个人的品行重要，还是友谊重要。我没有正面回答她，而是抓住这个机会，澄清她们之间的误会，并耐心地告诉她如何正确处理同学之间的矛盾，珍惜彼此的友谊，学会与人和睦相处。渐渐地，她的个性没有那么强了，我们也成了无话不谈的朋友。现在，她虽然毕业了，却经常跑到我这来，和我谈谈心，她连父母都不愿告诉的事情却滔滔不绝地说给我听。

还有个学生叫方艺玮，刚转入我们班时，是一个瘦瘦弱弱的女孩。学习表现都很一般，作业偶尔有点"偷工减料"或拖欠的现象。自从一件小事情以后，她在悄悄地改变。最后成了一个学习、表现都很好的学生。那是在解答一个比较三个分母不相同的分数的大小时（即比较 $\frac{5}{7}$、$\frac{1}{2}$、$\frac{2}{9}$ 的大小），很多同学想到运用通分的方法化成同分母分数再进行比较。但三个数，两个两个地去通分，太麻烦了。而且7、2、9的最小公倍数也难找。很多学生不知如何是好。这时，只见她的小手高高举起："我想到了一个办法，把这三个分数都和一半比，$\frac{5}{7}$ 超过了一半，$\frac{1}{2}$ 正好一半，$\frac{2}{9}$ 不到一半，所以 $\frac{5}{7}$ 最大，$\frac{2}{9}$ 最小。"我为她的敏捷思维叫好，竖起大拇指，真诚地夸奖她，并带头鼓掌，同学们也为她喝彩。正是平时她的这些亮点，这些智慧，被我及时发现，并给予鼓励，她感到了学习的乐趣，体会到了成功的喜悦。

有人说：教育是一项事业，事业的意义在于奉献；教育是一门科学，科学的意义在于求真；教育是一种艺术，艺术的意义在于创新。就让我们把平凡的工作当作宏伟的世界去研究，寻找教育的快乐，实现人生的价值。

第二部分　我的研究之旅

三位数乘两位数的计算教学研究

计算教学是小学数学的重要内容之一，培养小学生的计算能力一直是小学数学教学的主要目的。计算能力作为小学生必会备的基本技能，它是学生今后学习数学的基础，因此计算教学已成为小学数学教学的重中之重。但是，随着科学技术的发展，尤其是计算机和计算器的逐步普及，计算中大多数人最常用的数学知识和最基础的知识也在发生着变化。今天，计算教学的目标与任务也在发生一些改变，还特别删减了一些笔算的内容。那么，新课程下的计算教学怎么教，如何在只重计算结果和只重算法探讨之间找到最佳的平衡点？如何系统把握计算教学内容，适度拓展教学目标，渗透更为丰富的数学思想方法？如何让计算教学承载学生个体发展过程中可持续的最有价值的数学知识等，都是我们需要探究和探讨的问题。

还有关于算法多样化，实际教学中，往往存在算法多样化变成"形式化"的现象。主要表现在，有的教师对算法只求量上的"多"，学生展示同一思维层面的算法，教师一概叫好，而不管思维层面即质上的提升。一旦少了某种方法，教师就要千方百计牵引。有的学生为了迎合教师的意图，想一些低价值、原始的方法来充数。这样一来，往往讨论一道题目就要花费10～15分钟。而且算法"多"了以后，也不适时优化。在计算时，只要求学生用自己喜欢的方法计算，有的甚至于不掌握基本的计算方法。

针对算法多样化流于形式，无法真正落实这一现象，我想以三位数乘两位数这个内容为载体，在这方面作点尝试。首先，我想知道学生算法多样化的起点在哪里。于是，课前我做了一个检测，共检测不同层次的16位学生，让他们用不同的方法计算145×21。对于这个新问题，被检测的同学都有一种方法进行计算，即竖式笔算。最多的有5种。罗列他们的计算方法，共有15种之多。有的是把一个因数分解成几个数相加或相减，如把21分成20+1，10+10+1，25-4，30-9，把145分成100+45，100+40+5，150-5；有的把一个因数分解成两个数相乘的形式，如把21分成3×7；有的用的是竖式，写法多种多样，还有一个同学用的是铺地锦的方法。检测说明，学生的计算方法多种多样，而且很有价值，那究竟该怎样落实算法多样化呢？教学设计中，不但要设计学生可以解决的问题，更要让学生想清、算清、说清，让学生理解、掌握每一种算法的方法、思路。做到既想得明白，又说得透彻，努力将多样化的算法做具体。

基于以上这些思考和课前检测，我设计了三位数乘两位数的教学。

三位数乘两位数教学设计

教学内容：人教版四年级上册49页三位数乘两位数

教学目标：

1．经历探索三位数乘两位数计算方法的过程，掌握三位数乘两位数的笔算方法，并能准确进行计算。

2．感受数学知识和方法的内在联系，培养学生迁移类推的能力和解决问题的能力。

3．体验算法多样化与优化，发展学生对数学的积极情感。

教学重点：理解笔算乘法中每一步的算理。

教学难点：体验并掌握三位数乘两位数的笔算方法。感受数学知识和方法的内在联系。

教学过程：

一、导入

师：同学们，今年的10月1日，我国航天事业上又发生一件大喜事，你们知道是什么吗？（"嫦娥二号"卫星运载火箭发射成功）

师：其实，在"嫦娥二号"的身上有许多数学知识，你们想了解吗？比如说，我国发射的"嫦娥二号"卫星，绕月球一圈所需的时间是多少呢？你们知道吗（118分钟）？那数学问题就来了。

二、新授

1．提出问题：我国发射的"嫦娥二号"卫星，绕月球一圈要用118分钟，绕月球12圈要用多少分钟？

2．解决这个问题，可以怎样列式？（118×12）

你能解释一下为什么用乘法吗？（就是求12个118是多少？）

3．观察这个乘法算式，与我们以前学的乘法有什么不同吗？（板书课题：三位数乘两位数）

4．对于这样一个新的内容，你有办法解决吗？（有）

5．你能用几种方法准确的算出结果。请同学们先想一想，然后动笔算一算。再把你的算法说出来。做到三清：想清，算清，说清。

学生尝试独立解决。教师将学生的算法板演在黑板上。

6．展示学生的计算方法。

方法1：口算（1）118×10=1180 118×2=236 1180+236=1416

(2) 100×12=1200　10×12=120　8×12=96　　　1200+120+96=1416

方法2：笔算，有4种不同写法。

方法3：转化成一位数乘法

(3) 118×12=118×2×6=236×6=1416

(4) 118×12=118×4×3=472×3=1416

方法：表格式（这是一个非常好学的同学用的一种方法，他是受了我国明朝一种计算方法的启发而想出来的，如表所示）。

教师强调：读懂别人的方法，也是一种学习方法。

×	100	10	8
10	1000	100	80
2	200	20	16

　　1180
　+　236
　　1416

7．全班交流、反馈。

师：同学们真的很不错，有这么多不同的方法。你能不能把你的算法说给大家听呢？认真听的同学想一想，你听懂他说的了吗？你有什么问题想问他？

8．归纳总结。

这么多的方法，每种都不一样，它们有相通的地方吗？

都是分开算。有的是把第一个因数118分开，有的是把第二个因数12分开；有的是分成几个数相加，有的是分成几个数相乘。（板书：分解、拆开。）

那拆开的目的是干什么呢？

把三位数乘两位数乘法转化成学过的口算乘法或一位数乘法。（板书：新→旧）这样就把比较难算的三位数乘两位数转化成比较容易的口算或一位数的乘法。

师：这就是我们数学中一种非常重要的方法（板书：转化）。

优化：这么多不同的方法中，哪一种是最简洁、最方便的呢？（竖式笔算。）

思考：竖式笔算是把数怎样分开的呢？（分成整十数和一位数相加。）

整理板书：竖式。

强调：竖式笔算是我们每个同学都要掌握的。

指着118×12的竖式说一说：你有什么不懂的地方吗？（1）236是怎么得到的，118呢？（2）为什么236和118不用对齐？

说说用竖式的方法计算三位数乘两位数，应注意什么？

小结笔算乘法的方法：数位对齐，分位相乘，合并相加。

三、巩固提高

1．练一练：

134×23=3082　　　　　425×34=14450

2．改错：你能用估算的办法来判断吗？

```
    1 3 4              4 2 5
 ×    2 3           ×    3 4
    4 0 2              4 2 0
  2 6 8              4 2 5
  7 7 0              4 7 7 0
```

反馈。订正。

过渡：同学们，在我们的生活中经常会遇到需要用今天所学的知识来解决问题的时候呢。

3．解决问题：

今年10月份，去了一趟长沙动物园新家，了解到这样一点小信息。动物园的一头大象一天要吃352千克食物，饲养员准备了5吨食物，够一头大象吃15天吗？

352×15=5280（千克）　　5吨=5000千克

5280千克大于5000千克，不够。

4．完成书上49页的题。

四、全课总结

同学们，今天这节课你有什么收获吗？

课后，为了更准确地了解课堂状况和自己的教学得失，我将课堂情况整理成课堂实录，以便进行详细的分析。

三位数乘两位数课堂实录

教学内容： 人教版四年级上册49页三位数乘两位数

课堂实录

师：同学们，今年的10月1日，我国航天事业上又发生一件大喜事，你们知道是什么吗？

生："嫦娥二号"成功发射了。

师：同学们真的见多识广。其实，在"嫦娥二号"的身上有许多的数学知识，你们想了解吗？比如说，我国发射的"嫦娥二号"卫星，绕月球一圈所需的时间是多少呢？你们知道吗？猜猜看。

生：一个月，15天，2天，……

师：没有那么长，其实，它绕月球一圈只要118分钟，（课件出示）还不到两个小时呢。那数学问题就来了。

（出示问题：我国发射的"嫦娥二号"卫星，绕月球一圈要用118分钟，绕月球12圈要用多少分钟？）

师：要解决这个问题，可以怎样列式？

生：118×12。

师：你能解释一下为什么用乘法吗？

生：因为绕一圈需要118分钟，绕12圈要用多少分钟？就是求12个118分钟。

师：我们观察这个乘法算式，与我们以前学的乘法有什么不同吗？

生：以前学的都是多位数乘一位数，它是三位数乘两位数。

师：对，这就是我们今天这节课要探讨的内容：三位数乘两位数。

师：要计算这个乘法算式，你有办法解决吗？（有）

师：那你有几种方法准确的算出结果？请你们先想一想，然后动笔

109

算一算。一定要做到想清楚，算清楚。

师：请同学们拿出纸和笔，把你的想法写在本子上，可以是算式，也可以是表格，也可以是画图。

(学生尝试独立解决，教师将学生的算法板演在黑板上)

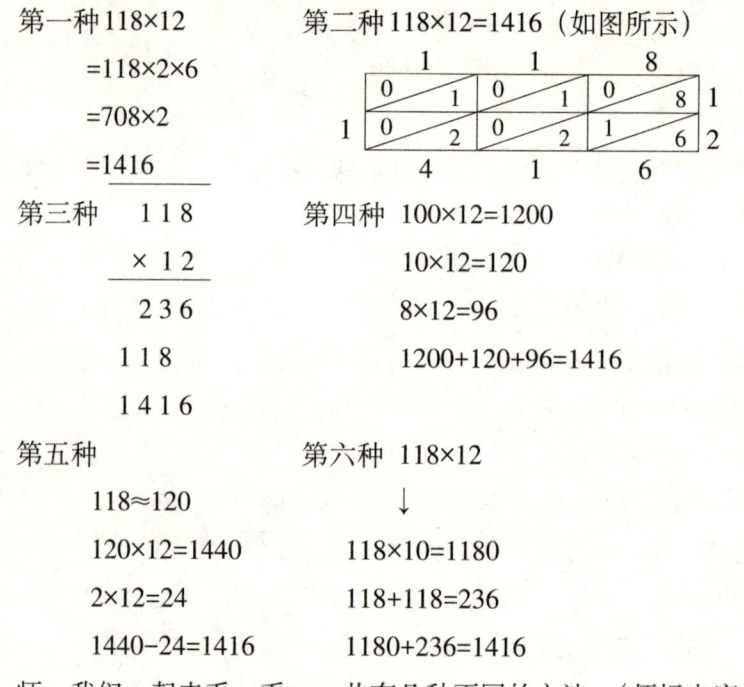

第一种 118×12　　　　第二种 118×12=1416（如图所示）
　　=118×2×6
　　=708×2
　　=1416

第三种　　1 1 8　　　第四种　100×12=1200
　　　　×　1 2　　　　　　　10×12=120
　　　　─────　　　　　　　8×12=96
　　　　　2 3 6　　　　　　　1200+120+96=1416
　　　　1 1 8
　　　　─────
　　　　1 4 1 6

第五种　　　　　　　　　第六种　118×12
　　118≈120　　　　　　　　　　　↓
　　120×12=1440　　　　　　118×10=1180
　　2×12=24　　　　　　　　118+118=236
　　1440−24=1416　　　　　1180+236=1416

师：我们一起来看一看，一共有几种不同的方法。(师标出序号。)

(生和老师一起数：六种。)

师：请所有的同学认真地、静静地看一看，这六种方法，你都能看懂吗？

(生静静地看。)

师：请选择一种你喜欢的方法和大家说一说。听的同学就想一想，你还有什么要补充的？或有什么问题想问？

师：看懂了的同学，你想说就到前面来当小老师。

生1：我想说的是第一种：118×12
　　　　　　　　　　　　=118×2×6

$$=708×2$$
$$=1416$$

118×12，用118乘2再乘6，118×6=708，再乘2就等于1416。

师：你们有没有问题要问，或有什么不懂的地方？

生：那个地方为什么要乘2乘6，后面又是乘2？

生：因为我是反过来算的，这样就简便些。

师：可不可以把2×6换个位置，大家会看得更明白吧？

生1：可以，12也可以写成6×2。

师：这种方法就是把12分成2×6，先算118乘6再乘2。

师：那这种方法你们还有问题吗？

生：没有了。

师：这种方法我们想清了，算清了，说清了，就属于我们的啊。给它添上一颗星吧。

师：谁接着说？

生：我想说第四种方法。100×12=1200

$$10×12=120$$
$$8×12=96$$
$$1200+120+96=1416$$

因为它有100个12，所以就是100×12=1200；有10个12，就是10×12=120；有8个12，就是8×12=96，再把所求的数加起来就是最后的结果。

生：100个12，10个12，8个12都是什么意思啊？

生：（回答）118里面有12个100（感觉不对），就是118有个10，就有……（不知怎么说了。）

师：你们听懂了吗？（生摇摇头。）不知如何解释的同学用期待的目光望着老师。

师：那老师帮忙解释好吗？

师：把118看成一个100，一个10，一个8，（师板书118=100+10+8）

先用一个100去乘12，就是100×12，然后用一个10去乘12，就是10×12，再用一个8去乘12，就是8×12，最后把三次的结果加起来。

师：还有问题吗？没问题就变成我们的方法了，添上一颗星。

师：还有没有同学说？

生1：我想说第六种方法。118×12

$$\downarrow$$
$$118×10=1180$$
$$118+118=236$$
$$1180+236=1416$$

它是把12看做10，再用118乘10等于1180，因为少算了2个118，又算出2个118是236，再用1180+236=1416。

师：你们有问题没有？

生：为什么要把12看成10呢？

生：（回答）因为12我们不方便算，10是整十数，好算一些。

生：把12看成10，为什么要打个箭头？

师：写的方法有点点不理解，是吗？它只是告诉我们，10是怎么来的，是把12看成了10去算的。

（学生没问题了就给这种方法也添上一颗星。）

师：还有没有同学说？

生：我想解释第二种方法。

师：哇，第二种我都看不懂呢！

生：把第一个因数写在大格子上面，每个数字占一格，把第二个因数写在大格子的右边，也是每个数字占一格。先把1乘8的结果写在右边第一个小格子里，上面写0，下面写8，上面这个格子的数是十位，下面是个位；1乘1就写0、1，然后依次类推，然后斜着加起来，依次是6，11要向前一位进1，然后是4、1，最后的结果是1416。

师：这种方法是谁想出来的？

生：刘成之。

师：刘成之，你能不能介绍一下，你是怎么想出来的？

生：这种方法是格子乘法。

师：很不错，他想到的是格子乘法，刘诺亚同学又带着全班同学读懂了这种方法。其实，这种方法是我国明朝发明的一种计算乘法的方法，叫做"铺地锦"。

师：你们看懂了吗？

生：（齐声回答：懂了。）

师：看懂别人的方法也是一种学习方法。

（学生没问题了就给这种方法也添上一颗星。）

师：还有没有同学说？

生：我想说第三种方法。

$$\begin{array}{r} 118 \\ \times\ 12 \\ \hline 236 \\ 118 \\ \hline 1416 \end{array}$$

先不看十位的1，用118乘2，一位一位的乘，然后再乘十位的1，1乘8就写在十位的下面，然后就加起来。

师：这种方法是怎么算的？

生：这种方法是列竖式，先算118×2，再算118×1，就和十位对齐，再把两次的结果加起来。

（这种方法没问题了就添上一颗星。）

师：还有一种方法，有没有同学看懂了？

118≈120，120×12=1440，2×12=24，1440-24=1416。

生：这种方法，把118约等于120，用120×12=1440，多算了2个12，就减去2个12，就是24，就是1440-24=1416。

（这种方法学生没问题了，也添上一颗星。）

师：同学们真的很不错，很聪明，想到了这么多的方法。

师：每种方法都不一样，这么多不同的方法，它们有相通的地方吗？

生：都有乘法。

师：算法里面有没有相同的地方？

生：这些方法得出来的数都是一样的。

师：那说明我们计算都准确啊。

生：都是把自己熟悉的算式用在这个计算上了。

生：全都是把118和12拆开来算。

师：是不是啊，同学们，我们一起来看一看这六种方法是不是都是把某一个因数拆开算。第一种方法是把12拆成了2×6；第二种方法是把两个因数都拆来了；第三种方法是把12拆成一个10和一个2；第四种方法是把118拆成了100+10+8；第五种方法是把118拆成了120-2，第六种方法是把12拆成10和两个1。

师：那这样算有什么好处？

生：这样算得又快又准确。

生：这样，我们都会算了。

生：把今天的新问题解决了。

师：怎么解决的呢？

生：拆开算的方法。

师：通过拆解的方法，把一个新问题转化成了学过的、可以解决的问题。这就是我们数学里最重要的思想叫做转化。

师：我们同学遇到新问题时，不要害怕，想办法转化成学过的、容易解决的问题。

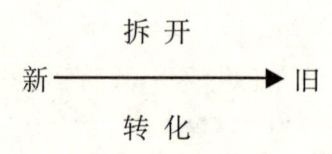

$$新 \xrightarrow[\text{转 化}]{\text{拆 开}} 旧$$

师：在这么多不同的方法中，哪一种是最简洁、最方便的呢？

生：第三种竖式笔算。

师：那竖式笔算是怎样拆数的呢？

生：把12拆成10+2，先算个位的2，再算十位的1。

师：这样的拆数，我们不用去算，一眼就能看出来，12里面是一个10和一个2，的确很方便。

师：那竖式怎么算的呢？老师来当你们的秘书，我写，你们说怎么算，好吗？

（学生边说，老师边写。）

生：先算118乘个位的2，等于236，再算118乘十位的1。

（老师故意将8和个位对齐写。）

生：（齐声说）错了，错了，数位对错了。

生：1在十位上，8要和十位对齐，因为它表示8个10。不能写在个位。

（老师听从学生的意见，改过来。）

生：再加起来。

师：你们都懂了啊？

生：（齐答）懂了。

师：可我还有一点点不懂，236和118是怎么来的呢，你们能告诉我吗？

生：236是用118去乘个位的2得来的，118是乘1得来的。

生：（马上站起来）不是乘1，是乘10得来的，因为那个1在十位上。

生：118的后面其实还省去了一个0，它表示118个10。

师：那用竖式的方法计算三位数乘两位数，应注意什么呢？

生：先从个位算起。

生：一位一位的算。

生：进位时不要掉了。

生：进位时要记得进位，而且不能丢了进位的数。

生：数位要对齐。算十位时不要对错了位。

……

师：用竖式笔算你们都会了吧。那赶快展示你的计算实力吧。

(学生练习) 134×23＝　　　　425×34＝

师：老师刚才发现有同学是这样算的，你觉得他算对了吗？

```
    1 3 4          4 2 5
  ×   2 3        ×   3 4
  ———————        ———————
    4 0 2          4 2 0
    2 6 8          4 2 5
  ———————        ———————
    7 7 0          4 7 7 0
```

生：不对。

生：数位没对齐。

生：134乘23不可能等于七百多。因为一个三位数乘一个两位数结果不可能是三位数。

师：那你知道怎么改吗？

生：134乘2个十的数位对齐，把8和十位对齐。

生：结果也要改，是3082。

师：第二个呢？又错在什么地方？

生：425的十位和百位都没有去乘4、乘3。

(生改正。)

师：这两个题全对的同学请举手。

(只有个别同学没举手。)

师：同学们，在我们的生活中经常会遇到需要用今天所学的知识来解决问题的时候呢。今年10月份，去了一趟长沙动物园新家，了解到这样一点小信息。

(出示问题：动物园的一头大象一天要吃352千克食物，饲养员准备了5吨食物，够一头大象吃15天吗？)

师：你们能解决吗？动手试试看。

(学生尝试动手解决。)

师：把你们的好想法和大家说一说。

生：不够。因为352×15=5290（千克）。

生：不对，352×15应该是5280。

师：算的时候可要仔细哦。

师：那你怎么知道不够呢？

生：5吨是5000千克，大象需要5280千克，比5000千克要多，所以不够。

生：可以估算一下。352乘10是3520，352乘5，超过1500了，两次加起来超过了5000千克，所以不够。

师：（全课总结）今天，我们同学学得很不错，我们一起来回忆一下，你有什么收获吗？

生：我收获了三位数乘两位数怎么算。

生：还多学了几种新方法。

生：学会了把数拆开，把新知识变成学过的知识。

生：还知道了怎样用算式来解决实际问题。

生：学会了又简单、又容易的格子计算方法。

……

在认真分析课堂实录的之余，进行深刻的反思。

<h3 style="text-align:center">三位数乘两位数教学反思</h3>

关于计算教学，以前有这样的误解，总感觉它是用一种很程序化的计算来形成学生的技能。培养学生的计算能力，甚至想：直接教给学生如何计算，学生完全可以掌握，何必花费那么多时间在尝试、思考、讨论上，结果不都还是会做几道计算题。随着新课程改革的不断深入，随着我校计算教学的研讨不断深入，我逐渐明白，在信息技术如此发展的今天，计算教学的价值取向也发生了改变，在关注学生计算能力的同时，更多的是关注学生数学思维、数学方法的培养，关注学生情感态度和数学思想的渗透，关注学生后续学习的发展，让计算教学变得厚重一些。

四年级上册的笔算乘法，这个内容是学生在三年级上册学习了多位数乘一位数，在三年级下册学习了两位数乘两位数的基础上进行的。是整个小学阶段整数乘法的一个总结。知识点对于学生而言，应该没什么难度，也许就计算而言，教师不教，大部分学生也会做。因此，在教学中，我不再把程序化的计算作为本节课研究的重点，也没有设计各种形式的计算练习，而是让学生在不同的计算方法中，分析它们之间的联系，找到解决问题的方法、策略，对学生渗透转化这一数学思想。

其实，运用拆数的方法，将新知转化为旧知，在整个小学阶段运用得非常多，如果今天学生真正理解、掌握了运用拆数的方法将三位数乘两位数的乘法转化为以前学过的内容，如拆成几个数的和或积的形式，那么四年级下册让学生很难理解的简便运算就迎刃而解了。所谓一通百通，指的就是方法的运用。如果若干年后，学生已不记得今天这节课所上的内容，但他能用今天学到的方法、思想去解决某些问题，我觉得那是我这节课最大的收获。这也是学生后续学习发展的需求。

第三部分　我的反思之乐
追求孩子的快乐

不知不觉和新课程一起成长已经有很长的时间了，这期间发生了多少事情，改变了多少观念不是只言片语说得完的。但唯有一点却是永恒不变的，那就是对孩子的爱。孩子灿烂的笑容直接影响着我每天的情绪，燃起我对生活的热情。因为爱数学老师，所以爱数学，因为爱数学，所以更爱数学老师，孩子们就在这种循环中幸福并快乐着。于是，总希望设计最好的课例，和学生一起探讨研究，在孩子灿烂的笑容中体验数学、学习数学。记得在探讨《镜子中的数学》时，我是这样导入的："大家都听过美丽动人的《白雪公主》这个故事吧，故事中的皇后有一面魔镜，它能照出世界上谁是最漂亮的人，其实呀，我们同学手中也有一面魔镜，它照出的是数学王国里最美的图形。不信，你就试试看吧……"

也许是孩子们对童话故事有着本能的憧憬与向往，也许是孩子们特别熟悉《白雪公主》这个童话故事,总之,学生的学习劲头一下子就上来了,大家饶有兴趣地摆弄着手中的镜子,爱美的女孩时不时地拿着镜子照着脸,好像自己就是那位美丽的白雪公主;调皮的男孩总喜欢对着镜子扮鬼脸;爱动的孩子喜欢在镜子前照一照;爱思考的孩子拿着一本书或其他物品放在镜前细细观察,低吟沉思……在孩子们的手中,在孩子们的眼中,手中的镜子似乎比魔镜更有威力,不仅能发现镜子中的对称现象,还会用镜子还原物体的图像,会利用手中的镜子发现部分图形的"庐山真面目",还会帮助机灵狗如何使用从镜子中看到的时刻。

当雨过天晴,一辆橘红色的"小轿车"驶过积水的路面,停在孩子们面前,我灵机一动,向孩子们发起挑战:"谁能用手中的镜子,把汽车'开'起来?"这下,孩子们可来劲了,有的把镜子左试试,右摆摆,一副不把汽车"开"起来不罢休的样子;有的干脆站起来,专心地摆弄;有的手舞足蹈,许是已经"开"起来了,只听他一个劲地说:"我会,我会。"那份高兴劲,真不知怎么形容;有的干脆把我"拉"过去,"老师,我开给你看";还有的异想天开:"老师,我会把汽车变成变形金刚","我会把汽车变成火箭","我会把汽车变成'神舟六号'"……看到这种情景,我被孩子们的热情深深打动,也被他们的奇思妙想深深震撼。"孩子们,你们是多么聪明,多么可爱呀"!我在心底呼喊着。

汽车"开"起来了,孩子们也该歇歇了。于是,我给他们讲起了故事:"机灵的猴子看到月亮掉到井里去了,急得不得了,赶紧想办法去捞,可什么也没捞到。那猴子为什么捞不到月亮,月亮又怎么会掉到井里去呢?"

"月亮根本没掉到井里,井里只是月亮的影子。"

"井里的水,就像我们手中的镜子,它能照出月亮的图像。"

"老师,那镜子是什么做的,可以用水做吗?"

"老师,我有办法把月亮搬到屋子里。"

……

孩子们的答案并不严谨，但充满天真的童趣，无尽的遐想，智慧的火花。这正是大人们所憧憬的，也是孩子们最宝贵的。

《镜子中的数学》就这样不知不觉流入孩子们的心间，嵌入他们的记忆中。孩子们在老师具有亲和力的语言中，领略到了成功的快乐，感受到数学的魅力。我常常想：我们每天重复着上课、备课、批改作业等繁琐的工作，难免有一些枯燥、单调。谁给我们的生活、工作注入活力？我想是孩子。老师是学生健康成长的引路人；课堂是师生共同向往的智慧乐园，人生殿堂；孩子灿烂的笑容，是我一生无悔的追求。

个案6 "心"到自然成

姓名：杨玲（长沙市骨干教师）
所在学校：长沙市第七中学
从教年限：20年
我最喜欢看的书：《外国教育》
我最喜欢的休闲方式：阅读、旅游

第一部分 我的教育自传

不要让上课、评分成为人的精神生活的唯一的、吞没一切的活动领域。如果教师和学校舆论只是根据分数来给一个人做出好的或坏的结论，那他就不会努力去当一个好人；如果人的精神生活仅仅被局限在这个领域，也就是说，他只能在掌握知识上、分数上表现自己，那么就会有失败和困难在等待他，使他的生活变成一种痛苦。

——[苏]瓦·阿·苏霍姆斯基：《关于和谐教育的一些想法》

世界上各种各样的人存在，有些人条条大路通罗马，却徘徊懊恼于选择之间；有些人走一步算一步，却也能一步走得比一步好；还有一些幸运儿，一开始就看见属于自己的方向，并能踩着合适的步伐，慢慢靠近；等等。我时常觉得，我算是大千世界那个幸运的存在，很感谢幸运的自己能够一直坚持努力，一步步走得更加满意。

初次形成教育理念 不偏心

从小学到中学，我都是那么不起眼。虽然中学上的是县城最好的学校，而且是实验班，但我的成绩却在班上靠后。我的记忆力超差，刚记住的东西很快就忘了，每次留校背书的人中一定有我。除了英语，所有文科科目都是我的最痛。

我的生物老师是女的，她喜欢那些既聪明成绩又好的男生，同样的问题，若是这些男生回答不出来，她会笑着说："刚才是开小差了吧！下不为例啊！"若是成绩差的学生回答不出来，她就会很不耐烦地说："又开小差了吧！你本来成绩就差，还这样不认真，看你能考出一个什么成绩来。"我就是不明白，老师怎么会如此偏心。我常常这样想："如果将来我成为一名老师，我一定不会只喜欢那些成绩好的，我会对所有学生一视同仁，我会更关注那些成绩差的学生，因为他们更需要老师的关注和帮助。"

走上数学路

考上了县城一中，或许是上帝的眷顾，我在这里遇到了年轻、帅气的数学老师。

他的课朴实得没有什么花样，板书随意而张扬。但奇怪的是，他的课大家都爱听，他没有刻意传授数学知识，只是在让你跟他共同体验数学知识形成的过程中，将数学知识牢牢地注入你的大脑。我每天期待上数学课，在课堂上全身心地投入，跟老师一同感受数学的神奇与魅力。我对数学充满了热爱，有时甚至会花上好几十分钟的时间去想一个数学问题，当终于得出答案时，我会高兴地欢呼起来。但遗憾的是，就在我跨入高二学习，满心期待老师的第一节数学课时，却换成了另一位数学老师。这时，我才知道，他已经离开了这所学校。他的离去让我好一阵难受，但是他留给我对数学的渴望却没有一同离去。高考志愿上我填报了师专，三个专业全是数学。

为成为老师而改变

"你叫什么名字？"

"你家里有些什么人？他们是干什么的？"

"你为什么会选择师专？"

……

这是师专录取前的一次面试。面对这样的问题，我居然只字未答，在陌生人面前，我紧张得说不出话。

姐姐说，我肯定是录取不了了。但我还是等到了怀化师专的录取通知书，之后我就常做着同样的梦：站在讲台上，下面几十双眼睛看着我，我想说话，却一个字也说不出来。

噩梦纠缠下，我想解脱，我不想让噩梦成为现实，于是我决定改变自己。

在进入师专不久的班干部选举中，我鼓起勇气参加竞选，终于成功获得副班长一职，这是我第一次当班干部。后来还担任过宣传委员和学习委员等职。班干部的工作练就了我的胆量，开放了我的性格。

为了更早地融入到自己的职业中去，我做起了家教。每到周末，寝室女生纷纷进入舞厅，我却在别人家里辅导学生的数学。因为我知道，舞厅带来的只是一时的快乐狂欢，只有通过做家教锻炼自己，我以后才能真正站在讲台上，实现自己的梦想。大学三年，我做了两年多的家教，有过小学、初中和高中的家教经验。家教不仅让我赚足了学费和生活费，更重要的是，我所辅导的学生来自班上各个层次，这就使我必须不断变通教法，为我今后从事教学获得了一些体验，提供了借鉴。

我喜欢我的教学起跑点

1993年，我面临毕业分配，长沙县因九年义务教育向湖南省各师专招应届大学生，我报了名。同年7月，便随第一批师专毕业生（一共三百多人）来到了长沙县这个完全陌生的地方。

一间二十多平方米旧办公室腾出来的地方，这就是属于我的第一个独立空间。学校有教师宿舍楼,几乎所有老师都住学校。周末常会和一批分配来的同事们踩着自行车到附近的小山上,找一个草坪,或躺或坐,一边吃着零食一边闲聊,美好的时光持续了好一阵。不久后抱怨声也就开始了,"这么个地方,出了学校就是农田,生活的天地就是学校巴掌大的地方,多呆上几年,我会憋疯的,反正我是迟早要从这里走出去的。""我们上当了,当初他们说这里如何如何好,工资如何如何高,你看看我们的工资才150元。"我偶尔也感慨:"我觉得这个地方挺好的,我喜欢,反正我会留下来。"(可最后,唯有我跟另一名女老师调离了这里,其他人一个个在这里结婚生子,过上了安定的生活。)

我们能分配来这里,本来就是学校的佼佼者,抱怨归抱怨,在教学上依旧谁都不服输。为了能获得教学上的更大进步,我订阅了不少教育教学方面的刊物,如《数学通讯》《数学教师》《湖南教育》等。大量的阅读,使我学到了很多别人的经验,加入自己的元素得以运用后,我的教学很快就得到了学生的喜欢,也得到教导处黄主任的大加赞许。黄主任是他们当时公认的非常棒的老师,尤其是他教学应用题时,总是能就一道应用题设计出由易到难的三个数学问题,而且问题设计得很到位,他在设计上绝对是高手,是我难以达到的水准,这在之后的教学中让我受益匪浅。一次听课后的评课,黄主任说道:"每次听杨玲老师的课都会有不一样的感觉,总是让人耳目一新。"自己敬佩的主任对我的赞赏让我喜悦,同时我也深刻感受到不断补充知识是多么美好的一件事情。

那个时候,我的教学风格就比较独到,课堂总是"闹哄哄的",让学生讨论、交流;让学生当小老师上台讲题,让学生出试卷。校长有一次在教师会上不点名地说过,"有些老师的课堂总是吵吵闹闹的,可能还要加强课堂管理"。但期中考试结束后的一次教师会,校长说道:"杨玲老师所带的班考试成绩不错,她的课堂也深得学生喜欢。"老师都戏称:"校长这么快就给你'平反'了!"

1996年,我参加了湖南师大的函授本科考试,并被录取。我在这里受到了数学专业的熏陶，视野开阔了，求知欲也更加强烈了。

转变之"小学我也能教好"

尽管有太多不愿，但父亲还是想办法让我离开了那所充满美好回忆的乡村学校。1998年我调入了长沙市开福区的北桥小学。

从教中学转为教小学，这种反差太大了，刚开始我不习惯，但我不服输，心想："我初中能教好，小学也一样能教好。"于是我开始频繁地听课，不仅数学课，其他课也听，正是这不断的听课，我很快就抓住了小学生的特点，选择了适合小学生的教学方法，学生开始喜欢上我的数学课。

2001年下半年开福区全面推进课程改革，而校长本来就是课改的积极参与者，在校长的带领下，学校的校本课开展得有声有色，而我也成为课改的积极分子。最让人高兴的是，他们为此听了大量的课，特别是在麓山国际实验学校举行的全国性的赛课，让我大开眼界，还有专家的演示课和评课，更让我获益匪浅。

为了更大程度地调动学生的学习积极性，我用数学活动来激励学生，让学生写数学日记，我对学生说："到现实生活中去发现数学吧！你会有意外的收获。"于是就有了一篇篇记载学生经历的数学日记。如紫君同学的"少了牛奶的早餐"："今天早上，妈妈给了我3元2角钱去买面包和牛奶。我来到面包店，看见一个有趣的'娃娃面包'，我花了2元钱将它买下，手中只剩1元2角钱，而牛奶要2元2角钱，我只买了一个面包就上学了。"以及何杰同学的"货比三家，不吃亏"等。

感受到教学带来的喜悦和收获，我决定将自己的教学点滴跟大家分享，于是以"用数学信箱进行沟通"为题，投稿《湖南教育》杂志，过了两三个月，我把这事都忘了，校长兴冲冲地跑来告诉我，"你的文章发表在《湖南教育》上了"，让我好一阵激动。这是我第一次投稿，居然中了，而且是《湖南教育》。2002年《用数学信箱进行沟通》一文发表在《湖南教育》杂志上我参加了长沙市骨干教师的第一期培训，还有幸加入了中国共产党，并被调入了长沙市第三十二中学。

收获的喜悦，激励着前行

2002年，我调入长沙市第三十二中学。开学一周的行政听课，夏书记和教导主任孙伟老师对我的课给予了较高评价，只记得他们说："课上得不错，很具开放性，充分调动了学生的积极性，继续努力。"在从事小学教学四年后，我重拾初中教学，居然得到学校领导的如此评价，不禁信心倍增。

10月份，学校迎来了一个省外的参观团，学校安排了两堂示范课，一堂艺术课，一堂数学课。而数学课就交给了我，当时教研室的盛建武老师也在听。我有点紧张，再加上学生的怯场，我对这堂课的效果不满意，但盛老师的一席话给了我莫大的宽慰："你的课设计得很有特色，充分挖掘了学生的潜力。第一次能上成这样，很不错，多上几次，自然就不紧张了。"接着盛老师交给了我一个莫大惊喜："现在中学正录制6堂数学课，制成VCD光盘。你试一试吧！"接下来的一段时间，我只知道，用心上好这堂课，才能回报盛老师对我的信任。后来这堂《变化的鱼》一课，在全国第二届新世纪数学实验研讨会上荣获了一等奖。案例《"变化的鱼"教学实录与评析》在湖南《中小学教师继续教育》编辑部举办的湖南省"华夏杯"新课程优秀教学案例及评析评审中，荣获一等奖。我没有辜负学校和教研室老师们对我的期望和信任。在2003年4月我又接受了怀化地区老师组团跟班听课一星期的任务，我不拘一格的教学风格给听课老师留下了深刻的印象。

三十二中学，可以说是我教学生涯中的一次盘点，我收获着教学带来的荣誉和光环。2004年，我参加了湖南师大的数学教育硕士考试，并被录取。再一次走进了湖南师大，我如饥似渴地学习，在这里，我看到了自己的差距，老师讲的内容开始听不懂了，因为好多都是以高中内容为例。于是，我开始比别人更加努力。2007年发生了一件让我最引以为傲的事情：我居然有机会参加高考阅卷。第一次尝试用电脑阅卷，也感到网上阅卷带来的速度压力，体会到学生艰辛准备高考，老师评阅试卷倍感责任和压力，那么多的试卷，在相对较短的时间内评阅完，大家只能拼命快速地阅卷。教育硕士的三年，我最大的收获就是进行了大量的阅读，如喻平的《数学教育心理学》、郑毓信的《数学方法论》、顾泠沅等的《寻找中间地带》、张维忠的《数学文化与数学课程》、林永伟等编著的《数学史与数学教育》、李文林编著的《数学史教程》等数学专著。这期间我撰写了不少论文，如论文《让数学史走进数学课堂》在2006年的市数学学会举办的中学数学教研论文评比活动中，荣获一等奖；《从元认知的角度谈初中数学学困生的成因及转化》在2006年的湖南省中小学教师继续教育研究会举办的优秀学术论文评审中，荣获一等奖；2007年《课堂"开放"应有度》一文发表在《湖南教育·数学教师》杂志上；等等。

正是得益于我的不断学习，我的教学方法开始丰富起来，"自学辅导法""小组合作学习法""探究法""分层教学法"等充斥着我的课堂，这形式各异的教学方法让学生在一种愉快、民主、宽容的氛围中学得轻松，学得灵活。同时我用活动来激励学生的学习斗志，也取得了较好的学习效果，如练习环节"闯关大比拼""小组PK"等将枯燥的数学演练变得充满生机，学生更是在这种练习中不断挑战自己；"数学天地"栏目将数学爱好者聚集在了一起，他们为数学而"战"；"数学学习质量分析报告"更是在教学上的大胆尝试，学生在这些活动中取得长足进步。

第二部分　我的研究之旅

问题：一张单元试卷花去两节课，有些学生十几分钟就完事了。如何将一个单元的内容让学生在一节课里体验出来？

一个单元学完了，对于那些重要的章节，老师为了了解学生的学习情况，会组织一次单元测试，我就对《圆》这一章出了一张单元试卷，时量80分钟。

但我却遇到了一些麻烦：每天一节的数学课显然是不够的，这张试卷是需要将近两节课的时间才能完成，所以我将一节早自习、一节数学课以及早自习和数学课之间的休息时间（合计75分钟）来进行考试。考试进行中出现了这样的情况：开考15分钟不到，就开始有学生无事可干了，有趴在桌上的，有看其他书籍的，还有无所事事的；40分钟时，就有十几个学生不再动笔，问他们怎么不抓紧时间做，他们的回答基本上是："会做的已经做了，剩下的不会做。"临到交试卷却还有两三个成绩好的学生没做完。

考试成绩出来了，情况却不理想，原因是多方面的，其中有一点就是试卷题量的设置让成绩差的学生望而却步，让成绩好的学生在一些较简单的题上耗去了较多的时间，以至于做后面的难度题时间不够。

上述现象可以说是几乎所有老师都遇到过的。是不是可以这样设计考试：成绩差的学生不会觉得时间太难熬，成绩好的学生也能有时间思考那些具有挑战性的题？而且评价标准又是学生乐于接受的。也就是，如何将一个单元的内容让学生在一节课里体验出来？我开始为自己的想法寻求答案。

二次函数的分层测试与讲评

测试卷1是我之前使用的试卷模式，测试卷2是我在分层评价上的大胆尝试，A、B、C三卷的试题全来自于测试卷1，它是将试卷进行难易的分层，A卷为稍难题是针对成绩好的A组同学的，B卷的难易适中是针对成绩一般的B组同学的，C卷较容易的题是针对那些成绩差的C组同学的。这有别于英语过级考试中A、B卷，同一道题只是选项的顺序打乱以防学生作弊。而我的A、B、C三卷是在考虑学生的层次上而设置的既有知识上的关联，又有层次差异的试卷。

A、B、C卷走进考场，可以说是考试形式上的一次较大的尝试，这样的考试既赢得了时间，同时也缩小了试卷的版面，平时四个版面的试卷，现在两个版面就可以搞定。但如何进行试卷的讲评却是我不得不思考的问题。因为每个同学的试卷都不是一张完整的试卷，而我又想在一节课里完成测试卷1的讲评，也就是A、B、C组的同学不仅要弄懂自己试卷上的题，还要熟知其他题。于是在试卷讲评上，我先针对学生普遍性的错误进行讲解（10分钟左右），然后学生分组互帮互助，A组的最后一题交给学生课后去讨论，我让A组同学去帮助B组同学，B组同学去帮助C组同学，这样A、B组的同学不仅帮助了其他同学，自己也有所获得。最后我以小测验的形式检查学生合作学习的情况，检测以抢答题和必答题的形式出现。最后评出优胜组。

测试卷1：

《二次函数》测试卷

时量：90分钟　满分：120分　姓名_____　总评_____

一、选择题（每小题3分，共30分）

1. 二次函数 $y=(x-1)^2+2$ 的最小值是（　　）

　A．-1　　　　B．-2　　　　C．1　　　　D．2

2. $y=(x-1)^2+2$ 的对称轴是直线（　　）

　A．x=-1　　　B．x=1　　　C．y=-1　　　D．y=1

3. 对于抛物线 $y=-\frac{1}{3}(x-5)^2+3$，下列说法正确的是（　　）

　A．开口向下，顶点坐标（-5，3）

　B．开口向上，顶点坐标（5，3）

　C．开口向下，顶点坐标（5，3）

　D．开口向上，顶点坐标（-5，3）

4. 抛物线 $y=a(x+1)^2+2$ 的一部分如图17所示，该抛物线在y轴右侧部分与x轴交点的坐标是（　　）

　A．$\left(\frac{1}{2}, 0\right)$　B．(1，0)　C．(2，0)　D．(3，0)

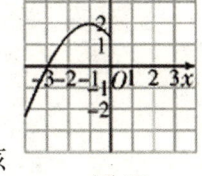

图17

5. 如图18所示，关于抛物线 $y=(x-1)^2-2$，下列说法错误的是（　　）

　A．顶点坐标为(1，-2)　B．对称轴是直线x=1

　C．开口方向向上　　　D．当x>1时，y随x的增大而减小

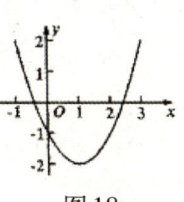

图18

129

6. 已知二次函数 $y=mx^2+x+m(m-2)$ 的图象经过原点，则 m 的值为（　）

A．0或2　　B．0　　C．2　　D．无法确定

7. 若抛物线 $y=x^2-6x+c$ 的顶点在 x 轴上，则 c 的值是（　）

A．9　　B．3　　C．-9　　D．0

8. 若一元二次方程 $ax^2+bx+c=0$ 有两个实数根，则抛物线 $y=ax^2+bx+c$ 与 x 轴（　）

A．有两个交点　　B．只有一个交点

C．至少有一个交点　　D．至多有一个交点

9. 已知二次函数 $y=kx^2-7x-7$ 的图象和 x 轴有交点，则 k 的取值范围是（　）

A．$k>-\dfrac{7}{4}$　　B．$k\geq -\dfrac{7}{4}$ 且 $k\neq 0$

C．$k\geq -\dfrac{7}{4}$　　D．$k>-\dfrac{7}{4}$ 且 $k\neq 0$

10. 已知二次函数 $y=ax^2+bx+c$ 的图象如图19所示，下列结论：

(1) $abc>0$；(2) $a+b+c<0$；(3) $b^2-4ac>0$；(4) $b=2a$.

其中正确的结论有（　）

A．1个　　B．2个

C．3个　　D．4个

图19

二、填空题（每小题3分，共24分）

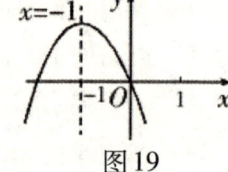

11. 汽车刹车距离 $s(m)$ 与速度 $v(km/h)$ 之间的函数关系是 $s=\dfrac{1}{100}v^2$，在一辆车速为 100 km/h 的汽车前方 80 m 处，发现停一辆故障车，此时刹车有危险（填会，不会）。

12. 抛物线 $y=3x^2$ 向下平移2个单位，所得到的抛物线是____。

13. 若抛物线 $y=ax^2$ 经过点 $A(\sqrt{3}, -9)$，则其表达式为____。

14. 试写出一个开口方向向上，与 y 轴的交点坐标为 (0, 3) 的抛物线的解析式。

15. 二次函数 $y=-3x^2+6x+9$ 的图象的开口方向____，它与 y 轴

的交点坐标是_____。

16．有一边长为2 cm的正方形，若边长增加x cm，则面积增加值y（cm²）与边长的增加值x（cm）之间的函数关系式是_____。

17．方程x²-3x-4=0的根为x₁=_____，x₂=_____。二次函数y=x²-3x-4与x轴的交点是_____。

18．二次函数 $y=ax^2+bx+c$ 的图象如图20所示，则点 $P(a，bc)$ 在第_____象限。

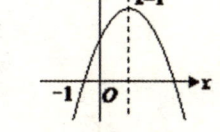

图20

三、解答题（每小题6分，共12分）

19．将二次函数y=x²-6x-1写成y=a(x-h)²+k的形式，并写出图象的对称轴和顶点坐标。

20．已知二次函数y=x²+bx+c的图像经过A（0，1），B（2，-1）两点。

（1）求b和c的值；（2）试判断点P（-1，2）是否在此函数图像上？

四、解答题（每小题8分，共16分）

x	-1	0	1	2	3	4
y	5	-1	-3	-1	5	15

表1

21．已知二次函数y=ax²+bx+c的部分对应值如表1所示，求这个函数的关系式，并写出其图象的顶点坐标和对称轴。

22．一个正方形的边长是8 cm，若从中挖去一个长为2x cm，宽为(x+1) cm的小长方形，剩余的部分的面积为y cm²。

（1）写出y与x之间的函数关系式，并指出y是x的什么函数。

（2）当小长方形的长中x的值为2.5时，剩余部分面积是多少？

五、解答题（每小题9分，共18分）

23．心理学家发现，学生对概念的接受能力y与提出概念所用的时间x（分钟）之间满足函数关系：y=-0.1x²+2.6x+43（0≤x≤30），y值越大表示接受能力越强。

(1) x在什么范围内，学生的接受能力逐步增加？x在什么范围内，学生的接受能力逐步降低？

(2) 第10分钟时，学生的接受能力是多少？几分钟时，学生的接受能力最强？

(3) 结合本题针对自己的学习情况有何感受？

24．有一座抛物线形桥，正常水位时桥下水面宽度为20 m，拱顶距离水面4 m。

(1) 在如图21所示的直角坐标系中，求出该抛物线的函数关系式；

(2) 在正常水位的基础上，当水位上升h (m) 时，桥下水面的宽度为d (m)，求出d（表示为关于h的函数关系式）；

图21

(3) 设正常水位时桥下的水深2 m，为保证过往船只顺利通行，水面宽度至少要有18 m，求出这时水深多少米？

六、解答题（每小题10分，共20分）

25．(2011长沙) 使得函数值为零的自变量的值称为函数的零点。例如，对于函数 $y = x - 1$，令 $y=0$，可得 $x=1$，我们就说1是函数 $y = x - 1$ 的零点。

已知函数 $y = x^2 - 2mx - 2(m+3)$ (m 为常数)。

(1) 当 $m = 0$ 时，求该函数的零点；

(2) 证明：无论 m 取何值，该函数总有两个零点。

26．如图22所示，直线 $y = -x + 6$ 与x轴交于点A，与y轴交于点B，

以线段AB为直径作⊙C，抛物线 $y = ax^2 + bx + c$ 过A、C、O三点。

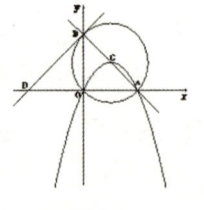

图22

(1) 求点C的坐标和抛物线的解析式；

(2) 过点B作直线与x轴交于点D，且 $OB^2 = OA \cdot OD$，求证：DB是⊙C的切线；

（3）抛物线上是否存在一点P，使以P、O、C、A为顶点的四边形为直角梯形，如果存在，求出点P的坐标；如果不存在，请说明理由。

测试卷2：

《二次函数》测试卷（A卷）

时量：45分钟　题数：12　姓名_____　总评_____

评价表格：

	6	7	10	21	24			25		26		
					(1)	(2)	(3)	(1)	(2)	(1)	(2)	(3)
第一轮												
第二轮												
第三轮												

《二次函数》测试卷（B卷）

时量：45分钟　题数：22　姓名_____　总评_____

评价表格：

	4	5	6	7	9	14	15	16	17	18	19	21	23		24			25			26	
														(1)	(2)	(1)	(2)	(3)	(1)	(2)	(3)	(1)	(2)
第一轮																							
第二轮																							
第三轮																							

133

一、选择题：4、5、6、7、9题

二、填空题：14、15、16、17、18题

三、解答题：19、21、22（1）（2）、23（1）（2）（3）、24（1）（2）（3）、25（1）（2）题

《二次函数》测试卷（C卷）

时量：45分钟　题数：17　姓名_____　总评_____

评价表格：与《二次函数》测试卷（A卷）相同

一、选择题：1、2、3、4、5、8题

二、填空题：11、12、13、15题

三、解答题：19、20（1）（2）、21、22（1）（2）、25（1）题

来自本课的评价：

这节课的试卷讲评课我是作为一堂开福区的公开课上的，刚开始老师有点搞不清，他们大概也是第一次见识这样的试卷吧，但听着听着就觉得很有味，而且也很受启发。

最后教导主任以如下文字在开福教育信息网进行了报道。

三十二中：数学教研活动在我校举行

2011年11月23日下午，开福区数学教研活在三十二中举行。

教研活动由开福区科培中心数学教研员盛建武老师召集并主持。

首先，三十二中初三数学教师杨玲上了一节数学教研课，得到了全体听课老师的好评。分层教学很多老师都尝试过，但一直坚持下来，并且取得较好效果的人不多，杨玲老师是坚持分层教学并且取得成功的一个。

本次有沙坪、植基、沅丰坝、七中、北雅共26位数学老师参与了活动。

"分层教学法"充分体现了新的课程理念和"以人为本"的指导思想，充分调动了学生的学习积极性和主动性，满足了不同层次学生的学习需求，使每个层次的学生都能得到最优的提高和发展。而"A、B、C卷的分层评价"无疑是分层教学的完善和发展，它能真正意义上使每个

层次的学生有所获得和发展。

A、B、C卷进考场使学生减少了心理压力，有利于学生的身心健康，最大限度挖掘学生内在潜力，调动了学生的积极性。"分层评价"使因材施教更有针对性，既减轻了学生的负担，又发挥了学生的学习主体性。同时，学生可以从试卷的得分率上获得自信，特别是学困生，更需要这种成绩体验，这将成为他们学习的巨大推动力。

"A、B、C卷的分层评价"是对学生人格的尊重，因此考试试卷应是学生自己来选择。由于我一直坚持的分层教学，所以学生对自己都有一个到位的评价，每次考试前，他们会根据自己对本章内容的掌握程度做出A、B、C卷的正确选择。只有一次，在《圆》考前的选试卷上，其余同学都选择了适合自己学业的试卷，只有小帆同学那天好像赌气似的非选择C卷，她本应是做B卷的，最后考完后，她对我说："杨老师，我以后还是选B卷吧！这C卷太没挑战性了！"

第三部分　我的反思之乐
班主任手记
（1）

今天我家访的第一个对象是孟颖家。这是怎样的一个家啊？一间十来个平方的房间，里面居然放了上下床位共四张床，东西凌乱地摆放着，连放凳子的地方都没有，她妈妈让我在床边入座，并向我解释道："原来租的房子退租了，刚搬到这里，所以家里乱七八糟，还来不及收拾，实在不好意思……我们家共有五口人，孟颖还有一个上小学三年级的弟弟，她爷爷也跟我们一起生活。我和她爸爸都没什么文化，因为没认识几个字，所以孟颖的学习我们是一点忙都帮不上。杨老师，实在不好意思，我根本不知道孟颖的作业是不是做完了，基本上就是她说做完了，我就在家校本上签字。"我说："你们家的条件虽然不怎么样，但我觉得孟颖的性格却是开朗、活泼的，除了学习成绩不够理想外，她在其他方面都非常不错，她在班上的人缘极好，不管是跟女同学还是男同学她都能很友好相处，特别是对老师很有礼貌。"她妈妈说："这可能跟家庭的氛围有关系吧！我们家还算民主，我们对他们姐弟俩都是一视同仁，从不偏袒哪一个，即使他们偶尔犯了错误，一般都是跟他们讲道理，几乎不打他们，所以孟颖在学校里有什么事，回家总是愿意跟我们讲，但让我们头痛的是孟颖的学习成绩比较差，她对学习没有太多要求，再加上我们家长对她的学习也没有给太多压力，杨老师，你看能不能给我们支点招，怎么把她的学习成绩提高得更快？"

就是这样一个农民工的家庭，为了子女能跟城里孩子们一起学习，举家搬到城里，连个像样的住的地方都没有，可他们却快乐和开心的生活着，他们充分享受着家庭的和谐。比起条件的优越，家庭的氛围对孩子的成长来得更为重要。

(2)

在他很小的时候，他的爸爸、妈妈就离婚了，他的爸爸在坐牢，他跟爷爷一起生活，爷爷已经七十多岁了。他跟我说起他的家庭时，很平静，但我却有点伤感。

可能是没有父母的管教，他身上落下了不少毛病：课堂上，他常控制不了自己，喜欢跟同学讲话，即使其他同学不搭理他，他也会一个人自言自语。有一次更出格，他竟然在教室后面玩火。他成了老师的心病，只要有他的课堂，教室里总不能安静。他经常性地迟到，原来他常晚上11点多钟趁爷爷睡觉时出去玩牌，有时玩到凌晨两三点钟才回家，第二天早上起不来。

就是这样的一位学生，却让我的感动无处不在：

事例1：有一次上课，他正在看小说，被正在巡视的校长将他的小说没收了。下课他找到我："杨老师，你能不能去说服王校长，让他把小说还给我，我上课看小说，只影响我一个人，如果没有小说看，我会控制不了自己，我一讲话，就会影响老师和其他同学。"我无言以对。

事例2：一天，他来电话说自己生病了，不能来学校。晚上我打电话给他："你生病了，去看医生了吗？"他说："到医院看病要花钱，我没去。我是出水痘。""听说出水痘，皮肤会很痒，你的皮肤不痒吗?""痒。但我听别人说忍一忍就好了。" 听了他的话，我忍不住流下了眼泪。

事例3：还有一次，他将几张刚照的一寸相片交给我保管，过了两天，他来找我："杨老师，上次我给了你几张相片，现在我想要回一张，我爸爸有好多年没看到我了，我想把这张相片寄给他（当时他爸爸正在坐牢）。"虽然他调皮，让老师和同学都头痛，但他却是如此善解人意。

罗丹说过："把爱拿走，世界将变成一座坟墓。"学生渴望教师的爱就像禾苗需要雨露阳光一样。学生只有感受到教师的善良和真诚的爱心，才乐于听老师的教诲。对于中学生来说比较容易识别的情感，莫过于教师最直接的关爱。

个案7　在幸福与快乐中徜徉

姓名：廖月红
所在学校：开福区沅丰坝中学
从教年限：15年
喜欢看的书：《窗边的小豆豆》
喜欢的休闲方式：爬山

第一部分　我的教育自传
题记："成功之花，人们往往惊羡它现时的明艳，然而当初，它的芽儿却浸透了奋斗的泪泉，洒满了牺牲的血雨。"十四年艰辛的磨砺，凭着执著的追求，我成了开福教育战线上的知名教师。

幸运与快乐

听爸妈说，在还不到一岁时，我就患了败血症，差点丢了性命。在当时我们那儿的医疗条件下，能及时抢救过来，是相当幸运的。感谢当时正在开会的医疗专家们，对我进行及时的抢救，给了我第二次生命，感谢亲人们对我无微不至的照顾，让我能及时的康复，我的人生就这样翻开了最温暖最神奇的一页。

我幸运地读了我们村的第一个幼儿班，之后的小学升初中，初中升高中，都是波澜不惊地进行着，我也赶上了最后一批不用交费的大学的末班车，而且更幸运的是实现了我儿时的梦想，成为了一名老师。

1997年，我顺利地分配到现在的学校—沅丰坝中学，一干就是十五年。才开始工作的几年，是懵懂的几年，是向前辈学习教学和课堂驾驭经验的几年。前辈们对我青睐有加，不仅在教研组内不断地跟我"切磋琢磨"，还动辄给我"会诊"，在全区范围内请教学权威来随堂听课，现场指导。每上一次这样的课，数学组的老师们都对我的教案和试教及时指导，帮我改进，助我提高。在这样的合作团体的精心打造下，我似乎能听见自己的"拔节"声，我快速地成长着。现在我也当"师傅"了，每次指导他们上课我就想起我的"师傅"们，我多想像他们一样严厉而又难掩满腔慈爱。

美好的课改回忆

2001年6月，教育部颁布了《基础教育课程改革纲要》，新课程的改革浪潮以不可阻挡之势汹涌而来，作为年轻的教育工作者，我有幸成了学校的第一批弄潮儿。揣着豪情与梦想，带着收获与感动，伴着新课程改革的嘹亮号角，年轻的我从精彩纷呈的数学课堂走来。

暑假里，我们先后参加了由教育局组织的国家课改组专家主讲的通识培训和北京师范大学出版社专家主讲的《数学新标准》，面对学者们的深刻思想、强大的逻辑和生动的语言，我的思维受到强烈的冲击，使我成了热切的虔诚的"课改圣徒"。拿到新教材后，发现教材的编排顺序与旧教材有很大不同，教材提供了现实、有趣、富有挑战性的学习素材，所有数学知识的学习，都力求从学生实际出发，以他们感兴趣的或熟悉的情境引入学习主题，并展开数学探究，强调知识的形成过程，降低了学生学习的难度。知识结构上采用螺旋式编排，这种螺旋式的编排，给了我更多的自由发展空间，有了更多的把握教材内容的自主权。课改培训的那段日子，我的生命从此有了新的牵引，我恍然明白，我曾经的"数学"世界是多么的苍白。这段日子，是我生命中的又一个重要驿站。

我记得，那时北师大版教材七年级上册的第一章《丰富的图形世界》中第三节《截一个几何体》，教材目标是让学生经历切截几何体的活动过程，体会几何体在切截过程中的变化，在面与体的转换中丰富数学活动经验，发展空间观念。教材内容不足五行字，有八幅图，这课怎么上才能使课堂充实，使学生有收获？旧教材没有这个内容可以借鉴，新的教材，没有配套的教具和学具，我们拿什么来操作呢？如果老师不示范，学生不亲自动手操作，光凭书本，学生怎么能得到真切的感受？

这是考验我的时候了，我经过一番思考，布置学生回家仔细观察周围的东西，利用身边现有的资源，回家切割一个正方体、一个圆柱体，要求所用材料必须便于小刀切割，而且是实心的。

因为我没有限制学生用何种材料，第二天上数学课前，看到了学生桌上摆着由丝瓜、黄瓜、火腿、泥巴、橡皮泥等做成的圆柱体，还有由这些材料切成的以及冬瓜、米豆腐、豆腐等做成的正方体，个个有模有样。

上课时，我拿着自己准备好的正方体，边说明如何截边演示，然后分组让学生操作，要求学生在操作前先想象结果可能会有哪些，然后通过操作得到实际结果，比较两种结果的差异。学生积极性特别高，认真地截，特有兴趣去探讨和交流可能有的情况，而且效果大大超出我的意料。

众所周知，兴趣在学生的学习中起着至关重要的作用，而提高学生的学习兴趣又是广大教师孜孜以求的。对于学生而言，准确、生动、富有感染力、直观的教学设计确是提高学生数学兴趣的妙法。

我想，在数学课堂上，教学艺术就不仅仅局限于准确、理性，只有要让学生从表象先对数学课有了整体的感知，才能进一步学好它。如果我暗示他们用什么材料，学生可能偷懒去选择推荐的材料，我就不可能了解学生对周围事物的观察能力如何，就很难达到培养学生留心生活，发现生活的能力。如果不让学生动手操作，学生也很难有这样真切的体验、深刻的印象和真实的感受。苏霍姆林斯基曾经说过："人的心灵深处都有一种根深蒂固的需要，那就是希望感到自己是一个发现者、研究者、探索者。"这节课就让学生着实体验了一回。

我还记得，第六章《生活中的数据》第一节《100万有多大》，教材旨在让学生借助自己熟悉的事物，从不同角度对100万进行感受，培养学生的数感。学生通过猜想100万粒米的质量、100万步的长度、装100万（每张100元）的新版人民币需要多大的箱子等这一系列问题，然后再想办法去估算。这样的课堂，学生上课的积极性不用怀疑，而且对数的感受也非常好。

对截面和大数的感受，以前老教材达不到，现在我们所用教材也不能比。这也给我一个启示：新课程背景下的数学教学并不一定追求形式的"精彩"，数学教学更追求教学内容的"精彩"，但是不回避"问题"！教师帮助学生艺术地解决数学学习中的问题，帮助学生完成"摘桃"的过程，正是教学内容不断生成的重要体现，是教师作用充分发挥的有力体现。

课改那段时间，学生是忙碌的，同时也是开心的。我作为引导者，所做的课前准备比老教材要多很多，但那时不觉得累，因为心中充满激情。在当时，不管是要我做多大的准备，不管是新内容还是传统内容，我们都努力尝试各种教学方法，不管成功与否，我们都充满自豪。因为我们不管采取什么样的方法，一切都是为了学生的发展；虽然从现在的角度来看，我们有时步子迈得太大了，但是，在当时大家对于如何应用课标理念，实施新的教学方法都是一抹黑的情况下，任何尝试都是对自己的挑战，不管结果成功与否，至少我们有勇气这样做，这就是成功！正是有了那些丰富有趣的经历，才使得我们在后来能不断地更新观念，改革自己的教学方法。

扎实的教学基本功，一流的素养，为这几届学生奠定了成功人生的第一块基石。现在师生相聚时，都要追忆从前的数学课。

因为课改对老师要求更高，要求老师经常反思，也正是从那时起，在教研员盛建武老师的指导下，我开始学着写教学反思，也有了写教学随记的习惯，记录自己课堂的新发现，总结解题和课堂经验，便有了向数学杂志投稿的勇气，在专业杂志上发表文章十多篇，拍摄一套课改教学回顾光盘，主持一个省级子课题，还受邀参与编写多本教辅资料。

回忆起课改那时候，忙着、累着，更多的是快乐和幸福……

从身不由己到自得其乐

我清楚记得，在小会议室，2008年下学期开学的分工分课会上，学校宣布我担任寄宿班班主任。听到这消息，我当时就懵了，会议上的其他安排，我完全听不进去。我只知道，散会走出小会议室，我的泪水夺眶而出。当时同事笑我："小廖，还哭鼻子呢！"我哭着回答："我没权利选择，我哭的权利都没有吗？"这回答至今仍成为同事之间的笑柄。

因为，担任寄宿班班主任意味着我将失去自由，我失去了放学后那段属于自己的时间，失去了晚上看电视放松的时间，失去了陪儿子玩耍的时间。而且，那时儿子才9岁，老公在外省求学，儿子、家庭、工作，一切靠我自己撑着。

不管怎样，我得调整好心情，第二天迎接学生来报到。我就这样开始了我的寄宿班主任生活，并极不情愿地进行着。除了消极地完成学校交给的一些常规事情，规定班主任该交的东西我交好，规定班主任该到场的集会我到场。除此之外，我几乎不动任何脑子，不想任何办法去建设班级。学生中出现问题，我再去解决，经常做着亡羊补牢的事。防微杜渐，我从来没想过；与学生交流，更是少之又少。

有一天，我去图书城，看到架上摆着全球畅销书《窗边的小豆豆》，正好又是小学语文推荐的课外书，我毫不犹豫给儿子买了回来。回到家，我习惯地翻开第一章看，一看就不能放下，对这书爱不释手。

《窗边的小豆豆》一书讲述了黑柳彻子幼时的亲身经历。相信在当初甚至现在谁也不会想到，一个一年级就被退学的小女孩，现在竟成为作家、演员和电视节目主持人，联合国儿童基金会亲善大使，还被各大报纸誉为日本最伟大的女性。如此巨大的改变，不仅是因为小豆豆有很好的父母，更因为她遇到了小林校长——这盏"导航灯"。

小豆豆上一年级时，因调皮而被学校退学，可小豆豆的父母却没有因此责骂小豆豆，让小豆豆没有任何心理负担，和从前一样开心，只知道爸爸妈妈要给自己换一所新学校。当小豆豆第一次来到巴学园，就与校长聊了几个小时，而校长却一点也不反感，一直认真地听着，不时表示理解，这让小豆豆非常开心，也让小豆豆喜欢上了巴学园和这位校长，觉得这位校长是一位能够理解她、与她谈心的好朋友。从此，小豆豆开始了在巴学园的愉快生活。巴学园的教室是已经不能用的电车，这让小豆豆对巴学园更加好奇、喜爱。巴学园的上课方式也与众不同，学生可以从自己喜欢的课开始上，有什么不懂可以随时请教老师，如果大家提早上完课，下午还可以外出散步。我想正是巴学园这样的上课方式，才让每个巴学园的学生每天都很开心，连战争的到来都毫无感觉。校长先生见到小豆豆闯祸，从不责骂，而是引导小豆豆如何处理已成事实的问题。有一次，小豆豆的钱包掉到粪池里，小豆豆把粪池里的粪便几乎全都舀出来，而校长先生看到了，只是温和地对小豆豆说："弄完后，记得要收拾干净。"事后小豆豆真的全都弄干净了。由此而见，这样的教育方式比责骂更有效。小豆豆的同学在巴学园也如小豆豆一样，受着校长先生与众不同的教育。

我和儿子一样喜欢着巴学园，喜欢着那里无拘无束的教学和学习。更影响我的是小林校长的那充满爱心和耐心的教育方式，他那充满创造力的教育思想，尽可能让学生自由发展。我思考着，我那漫不经心的班级管理，继续下去能行吗？这样下去会耽误我的学生的将来，这样的后果我能承受得起吗？

苏联教育家马卡连柯说过："教师的威信首先建立在责任心上。"是的，师生们都婉转地批评我"亲和"却"无力"。细细想来，教师的亲和力本质上是一种爱的情感，是一种人格，也是一种责任，一份尊重，更是一种勇气，一种真诚。我要在学生中树立起威信，我必须先从自己做起，从自己的责任心做起。我开始关心起班上的"窗边族"，用小林校长的教育思想来关心他们。虽说根据我们实际情况，我们不可能有巴学园那种自由的学习方式，我也不能要求他们学习上有多大的进步，但我可以尽自己可能让他们觉得，老师是爱他们的，同学是喜欢他们的。

记得有一天午睡后，几个学生爬围墙外出玩电游，还告诉同学，他们要外出闯天下。我跟学校领导及学生家长分头去找，到晚上还没见人影，QQ也不见登录，无法联系。晚上，在校的学生就寝后，我又和家长一起外出寻找，去他们的好朋友家里去了解情况，去镇上街道了解有没有看到这样的几个人，叮嘱各个网吧留意。大概在晚上12点左右，家长们找到了出去后很茫然在路上溜达的他们。第二天，他们回来了，同学和我都非常高兴，同学们友善地接纳他们，我也耐心做他们的思想工作。在同学和老师的帮助下，他们顺利地度过了初中余下的时光。

陶行知先生说："先生不应该专教书，他的责任是教人做人；学生不应该专读书，他的责任是学习人生之道。"作为班主任，我的责任心灵更多的应该是教学生做人。我推荐学生读《格言》《意林》等能影响学生心灵的书刊，看励志的电影。通过多种渠道，来教育学生做人的道理。我虽是数学老师，但我努力夯实孩子们的人文底蕴，人文底蕴丰厚，孩子们的人格发展就和谐。种瓜得瓜种豆得豆，我的付出得到回报，学生的表现越来越好，学习成绩进步也大，也越来越关心我，我在学生中的威信也越来越高。

一个好班主任不仅应具备渊博的学识、良好的教学艺术，还应具备对学生始终如一的爱护怜惜、无私和没有偏见的品格，及庄重的仪态举止。我想，这样的班主任是拥有魅力和魄力的，有这样的好班主任的班级就是一个好班级。因此，我拥有了贴近孩童的心灵，从此我更懂得了什么是孩子，我该怎样去爱他们。

2010年12月，参加国家中西部骨干教师培训回来，看到我的学生，发现自己原来是那么喜欢他们，想到6月份他们即将毕业离开我，是那么的舍不得。在初三的剩余时间里，我们友好相处，互相关心，我让每一天快乐地度过，现在回忆起来，尽管当时付出了不少的心血，心中总是充满着甜蜜和幸福，那种心与心的交会，那种默契，那份无言的理解，正是我追求的幸福的极致。

现在，我又接了一个寄宿班，我很乐意地接了。没想到这一生我选择了这样一个富于幸福感的职业，永远青春作伴，真的好幸福……

第二部分　我的研究之旅

问题：如何在数学教学中关注学生个体差异

学生差异你了解吗？

1. 受遗传的影响，学生的智力思维水平存在差异，使得学生在接受、理解和掌握数学知识上存在着差异。再加上家庭环境对学生学习习惯的影响，使得学生的数学学习水平差异越来越大，两极分化现象越来越严重。

2. 学生的耐挫能力不强。活动，是学习能动性的重要体现，学习活动总是与不断克服学习困难相联系的。与小学阶段的学习相比，初中数学难度加深，教学方式的变化也比较大，教师辅导减少，学生学习的独立性增强。在中小衔接过程中有的学生适应性强，有的学生适应性差，表现出学习情感脆弱，意志不够坚强，在学习中，一遇到困难和挫折就退缩，甚至丧失信心，导致学习成绩下降，思维方式和学习方法不适应数学学习要求。

3. 初二阶段是数学学习分化最明显的阶段。一个重要原因是初中阶段数学课程对学生抽象逻辑思维能力的要求有了明显提高。而初二学生正处于由直观形象思维为主向以抽象逻辑思维为主过渡的又一个关键期，没有形成比较成熟的抽象逻辑思维方式，而且学生个体差异也比较大，有的抽象逻辑思维能力发展快一些，有的则慢一些，因此表现出数学学习接受能力的差异。除了年龄特征因素以外，还有教材的影响，新教材对学生的思维能力要求更高。更重要的是教师没有很好地根据学生的实际和教学要求去组织教学活动，指导学生掌握有效的学习方法，促进学生抽象逻辑思维的发展，提高学习能力和学习适应相关的理论知识。

4．相比小学数学而言，初中数学教材结构的逻辑性、系统性更强。首先表现在教材知识的衔接上，前面所学的知识往往是后边学习的基础；其次还表现在掌握数学知识的技能技巧上，新的技能技巧形成都必须借助于已有的技能技巧。因此，如果学生对前面所学的内容达不到规定的要求，不能及时掌握知识，形成技能，就造成了连续学习过程中的薄弱环节，跟不上集体学习的进程，导致学习两极分化。我们使用北师大的教材已有五年，北师大教材采用的是代数与几何混编、螺旋式上升的编写体例。有些知识在这期学一点，到下一期或许再下一期学一点。这就影响了学生对同一知识的系统掌握，使得两极分化越来越严重。

我让同学们在课堂中"握手"——多项式乘法的差异教学法

在七年级数学"整式乘法"的教学中，特别是"多项式乘多项式"的运算。对学生来讲，在较短的时间内要把它搞清楚是一个很困难的事，对教师而言，如何让学生很快去接受这个知识点，也是一个比较棘手的问题。

在教学过程中，若利用教材上现成的例子进行教学，应该说对大多数教师也不是什么难题，但是总有一部分学生不能很快掌握。有没有更好的方法呢？带着问题我在不断寻求着灵感的到来……

功夫不负有心人，在与一个久别的朋友相遇握手时，灵感在大脑中一闪，让我如获至宝。于是我精心设计教学情景，试着运用到教学中，其效果出乎我的想象。一年过去了，每当一提起"多项式的乘法"，没一个学生不知道的。我将其具体做法呈与各位教育工作者，需改进的地方，还望多多指教。

一、利用教材正常教学

先仍就利用教材中设计好的情景正常进行教学。用大小不同的长方形卡片拼成更大的长方形（如图所示）。

其中小颖拼出的图形可看成是长为（m＋b）、宽为(n＋a)的长方形，其面积是(m＋b)(n＋a)；它也可看成四个小长方形的组合，其面积为mn＋ma＋bn＋ba。我们也可根据乘法分配律得到下面的等式：

(m＋b)(n＋a) = m(n＋a)+b(n＋a) = mn＋ma＋bn＋ba

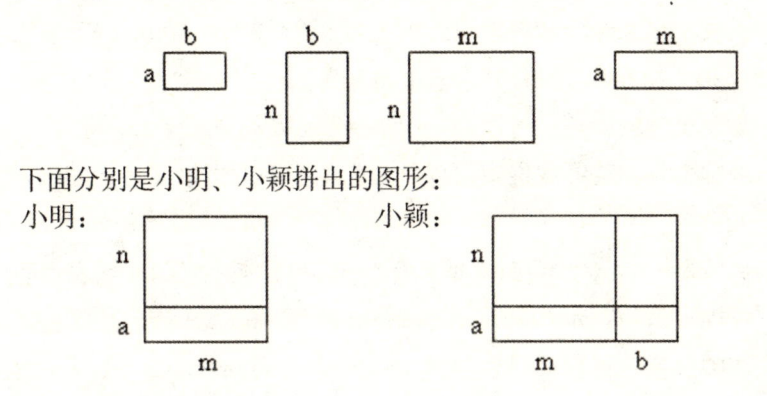

下面分别是小明、小颖拼出的图形：
小明：　　　　　　　　小颖：

当讲到这里时，发现只有少数同学有所掌握，而对多数同学来说，眼神里还存有疑惑。于是，我就将事先设计好的教学情景展示出来。

二、教师指导，学生体验

由四名同学分别代表m、b、n、a（其中m、b为一组表示甲队，n、a为一组表示乙队）。假设你们两队的队员不认识，当有人在旁边介绍时，出于友好，你们会怎么做呢？会握手问好，同学们都异数同声地说。那么我们就让这四位同学示范给大家看看。此时，让同学们认真观察（教师作相应的提示和指导），通过观察后回答下面的问题。

握手完毕。

提问1：他们每人分别握了几次手？

"两次"，学生会很快回答。即m与n、a握了手，b也与n、a握了手；

提问2：问什么m和b或者n和a不握手呢？

因为他俩是一个组的，早已认识了的，就无须再握了。

提问3：刚才都认真观察了，谁能说出他们握手时的手形与我们学过的哪个运算符号类似呢?

"乘号"即×，同学们一边动手操作一边回答。

教师介绍：由于他们表示的是两个不同的小组，那么我们就把他们握手的情景写成 (m＋b)×(n＋a),

提问4：既然如此，能不能把m与n、a握手用m×(n＋a)的形式，b与n、a握手用b×(n＋a)的形式表达出来呢?

学生思考后回答：可以。

教师引导：这样我们就可以把他们的握手的情景又表示成m(n＋a)+b(n＋a);

提问5：m与n、m与a、b与n、b与a单独握手又该如何表示呢?

可以表示为：m×n；m×a；b×n；b×a。

教师引导：这样又可以得到m×n＋m×a＋b×n＋b×a。我们在前面学过，以上出现的这些乘号都可以省略。即有

(m＋b)(n＋a) = m(n＋a)+b(n＋a) = mn＋ma＋bn＋ba

此时再观察，发现大多数同学疑惑的眼神已经不复存在。（他们早已乐在其中。）

就此，我们可以给这种方法起个名，叫做……

还未说完，同学们早有了答案："握手法"。

三、趁热打铁，熟练运用

让同学们就随堂练习进行巩固训练，得以熟练运用。

就这样，一节课在同学们的积极参与下顺利结束。

通过这种简单直接的方法，不但使学生很快掌握了"多项式乘多项式"的运算，而且还进一步认识到人与人之间的礼貌交往，通过这样的学习，再次体会到生活与数学的紧密联系，也体会到学习方法在学习过程中的重要性。

同时，也让我们作为教育战线上的工作者意识到，面对新课程的改革，面对新世纪的挑战，在课堂教学中，更应该着重于教学方法的探索，并且要与学生的实际特点相适应，这样才能更好地达到预期的教学效果。

差异性课堂教学策略与反思

经过几年的教学实践，在差异性教学中我们有如下的收获：

1. 在备课时根据学生的现有水平，合理确定差异性的教学目标。

蒋艳霞老师在备课时能根据所教两个班的学生特点，根据不同班的学生差异以及同一班的学生差异精心备课，钻研教材，确定差异性的教学目标。

2. 创造性地处理教材，基本适应不同层次学生的现有学习状况。

浣静老师潜心研究如何创造性地处理教材，让教材对每个学生都能起到足够的作用，达到一定的成效，并及时整理经验，撰写了相关论文。

3. 形成了差异性教学的基本策略。

在掌握学生的个体差异，把握教学目标，灵活处理教材等教育教学方面形成了自己的策略。创新能力必须以学生个体为承载物，从这个意义上说，创新能力的发展必须以学生个性的发展为前提，而创新能力的发展必将带动学生个性化的发展。在教学中，应当废除给予性学习，实行自主解决问题的学习，实行知识、技能与培养创造力三位一体的教育。只有建立与学生个性发展相适应的教学模式，即探究创新的教学模式，才能促进学生个性的协调发展。因此，我们的课堂强调关键信息、知识和技能的习得，考虑学生个体和群体的特点，让学生有表达想法的机会，采用多种方式完成自己的学习目标并给予指导，等等。

4. 布置一些特殊的作业：《学习评价报告》和《错误分析报告》。

对于新接手的班级，开学1~2周后，我会布置这样一项家庭作业，让学生写一份《学习评价报告》，要求从以下几个方面进行阐述：(1) 对自己原来的数学学习作一个自我评价，(2) 对一周来的数学学习情况作一个小结，(3) 对数学老师一周来的教学作一个如实评价，(4) 对这学期的数学学习成绩给自己一个期望值，(5) 说出你希望的数学老师是一个什么样的老师。

《错误分析报告》是在教完一个单元后，让学生将这一单元出现的典型错误进行分析，要求：（1）写出原始的解答（也就是错误的解答），（2）分析导致错误的原因，（3）对错误的题进行更正，对于那些至今仍不会解答的问题写在问题栏中，并说出你希望获得谁的帮助。

5．探索了关注学生个体差异的评价方式。

评价采用口头评价和书面评价相结合，注重评价的多元化、评价方法的多样化，力争通过评价促进不同形式的发展。

6．学生的合作与交流能力得到较大的提高。

学生是数学学习的主体，他们是带着自己原有的知识背景、活动经验和理解走进课堂的，并通过自己的主动活动去建构对数学的理解。因此，独立思考是一切学习活动的基础。但是，我们还应认识到数学学习不仅仅是个人的行为，还是一种社会行为。因为个人根据自己的经验所建构的对外部世界的理解是不同的，也存在着局限性，只有通过共享和协调，才能使理解更加准确、丰富和全面。也就是说，知识的再创造是合作完成的，学习是学生、教师和其他学生之间相互作用的结果。

要适当地改变教学组织形式，开展小组学习就显得十分必要。分组交流可以充分发挥学生的主体性，为学生提供一个宽松自由的学习环境，使他们在学习过程中有充分的独立空间，在组内交流、倾听，并思考他人的观点，不断进行反思，经历一个再创造、再发现的过程。在这个过程中使原来模糊的认识得到澄清，凌乱的知识得到整理和组织并最终纳入已有的认知结构，从而达到对数学知识的真正理解，并同时获得成功或失败的亲身体验。从而促进学生共同提高。

第三部分 我的班主任之乐
幸福着你们的幸福

小时候，幸福是得到自己想要的东西；长大后，幸福是是实现自己的目标；工作后，幸福是一种心态。

一

学生进入高中学校快一学期了，在我的心里他们似乎还在我身边，我总喜欢回忆起和他们在一起的点点滴滴。

2008年8月，学校计划在初一组建两个寄宿班，当宣布我是其中一班的班主任时，当时我急哭了，极不情愿地接受了这个安排。因为这意味着我将失去很多的属于我自己的和家人的时间，我一天得工作15小时，学生的在校时间越多，我肩上的责任越大。

去年12月我参加国陪回来，孩子们比赛似地跑过来："廖老师，这半个月你没在家，我学习不进去，我要有您的监督。"一回头，办公室的玻璃窗上贴满了可爱的脸蛋，他们深情地注视着我，让我发现我是如此地想念他们，以前总感觉到的劳累在此刻也消失得无影无踪。以前我总把我们要等到学生安安静静地就寝后我们方可离开寝室的这段时间当做负担，可后来我也喜欢上这段时间。我呆在寝室等候他们就寝，总有学生和我说着他们之间的笑话，有学生还改歌词在寝室唱着一些很有趣味的歌，使我忍俊不禁，以前喜欢拖拖拉拉到打熄灯铃才进来就寝的孩子，看到我的微笑，也能进寝室早早就寝。如果有谁犯了错，也不需要我高声呵斥，只需轻轻一声，学生便自觉来接受批评或惩罚。当学生请假，假条上的称呼如果不是"亲爱的廖老师"，我会佯装不批假，望着有的学生有点羞涩地添上"亲爱的"三个字时，我觉得就这样逗着他们也是幸福。

临近毕业，我在微博上发表，"望着学生即将飞走，我有些许失落和不舍"。是的，我爱我的学生，我以我的教育理想为每个孩子种下一棵摇曳生姿的心灵之树，我想我活得挺幸福，因为这一切都源于我是他们的班主任啊！

二

这一期，学生有时在群里留言说：廖老师，我们想你！当我看到这样的留言时，我的心里美美的。学生们利用他们的放假时间，陆陆续续来看望我。有一天，我正在教室上课，一个刚刚毕业的学生捧着果篮刚上楼梯就看到了在教室里的我，把头伸进教室迫不及待地喊道："亲爱的廖老师！"当他意识到这样招呼不是时候时，忙吐了吐舌头，迅速地跑去了我的办公室等我，我和在教室的学生望着这一幕都笑了。我喜欢孩子们能常回母校围在我身边，叽叽喳喳地汇报他们高中的学习状况和他们的课余生活。

有一天，正是我们学校召开家长会，当时很多家长和我交流着现在学生的情况。一个不善言辞而做事极其认真的学生，将一个精美的果篮羞涩地递给我，轻轻唤了一声"廖老师"就默默地走开了。当时我感动得不知如何是好。在一旁他的阿姨告诉我，他一直巴望着有时间一定要来看廖老师。孩子们，没时间来看望我没关系的，只要你们好好成长，懂得感恩父母，做一个对社会有用的人，便是给我最好的回报。

我也经常听离开我的孩子们说他们的"成长故事"，"我爸爸总说廖老师说的是对的。廖老师，我经常拿出你以前写给我的评语来读，我现在改变了很多，不固执，不懒惰，还能帮助别人。""廖老师，舍不得您的办公室，真想还听您做思想工作。""廖老师，我在高中数学基础还不错，现在的数学老师说感谢您培养了一棵好苗子呢。""老师，您知道吗？我现在是学生会主席。要不是初中时您把我推荐到学生会当卫生部长，锻炼了我的胆量及能力，现在的我是不可能这么容易地当上财经学校学生会主席的。"

和孩子们一起，幸福着他们的幸福……

个案8　爱在教育乐不停

姓名：钟子云
所在学校：张家界市桑植县第二中学
从教年限：15年
最喜欢的书：《三国演义》
最喜欢的休闲方式：下棋

第一部分　我的教育自传

斗转星移，几度春秋，在这个初春之时，我第一次拿起笔记录下我的风雨之路，行走岁月。此时，往日的片断像海水决堤般涌向心头，那久久难以忘怀的情节再次在心底掀起波澜。

艰苦而难忘的中学时代

我出生在一个穷山坡上，那时家里很穷，祖辈都是面朝黄土背朝天，靠天吃饭的农民，我家住的是低矮的简易小木房，说是木房，其实左右及后面都是用土砖砌成的，冬天不保暖，夏天却潮湿。20世纪80年代初刚刚承包到户，每个家庭都很贫穷，要说能吃饱三餐就很不容易了，因而很多到了读书年龄的孩子都在家帮着放牛看家。但我父亲是个有文化的人，坚信只有读书才能改变命运，所以在我6岁的时候就把我送到了离我家很近的村小读书了。哪知我玩性大，离家又近，往往趁老师不注意，就偷偷跑回家了，学习上三天打鱼，两天晒网，学了半学期一考试，语文、算术都不及格，而且还是班上十几个孩子中的最低分数。老师在那教室的后墙上排了名次，我在最后，老师在我的名字上画了一个乌龟，说是对我的惩罚同时也是鼓励，希望我能尽快摆脱倒数的成绩，可我却打心底讨厌那压在我名字上的乌龟，在老师放学回去经过我家门口的时候，我很不礼貌地骂了老师一通，第二天生怕老师整我，任凭父亲怎么打骂、哄劝，我都不去了，我就这样第一次辍学了。

　　后来上了中学，中学时代有太多记忆让我现在还常常感叹不已：感触最深的恐怕就是吃饭时的咸菜了，十几年后的现在每次在餐桌上看到咸菜我依然还是心有余悸，后怕不已，十分钦佩自己当初足足坚持了六年。我那时十几岁正是饭量大的时候，不吃肚子饿，吃又吃不下，除了少数走读生和家庭条件好的学生，大多都是这样生活。当时以吃饭为标准班上的学生可以分为三等，第一等是镇上或附近的那几个走读生，他们每顿都能回家吃香喷喷的热饭热菜，他们是最幸福的。第二等就是少数家庭条件好的学生，他们不用带咸菜，每顿都能打几毛钱一份的水煮青菜、水煮土豆、水煮萝卜之类的蔬菜，他们也是幸福的。第三等就是我们这些农村孩子，家庭贫寒，孩子比较多，大人能供你上完初中高中就不错了。记得那时家里大米都不是很充足，有一周妈妈要我带四斤大米两斤玉米，因为那时在学生面前吃玉米觉得是件丢人的事，所以在蒸饭的时候，我便放一些玉米在饭盒的底部，上面再覆盖大米，谁知第二天一蒸，那玉米全浮到了饭盒的上面，害羞的我情愿饿一顿也不愿去取饭盒了。现在想起，那时的我怎么就这么虚荣呢？我读中学时一个星期一般也就几毛到一块的零花钱，买个本子笔墨什么的都不够，偶尔才敢去打一份热菜，多半也不是付的现钱，而是用吃剩的米换的。学校蒸饭的师傅早晨有时候不想早起，就头天晚上把饭蒸好，早晨稍微热一下，这一偷懒可害苦了上千学生,夏天经常吃过夜的馊饭,冬天饭倒是不会馊,但有时候加热时间太短饭还是冰冷的。更可恶的是在这样艰难的条件下,还有少数学生偷饭吃,挨饿倒是小事,那时候饿一顿对我们来说也是家常便饭,关键是饭盒,买一个新的要花几块钱,我们一个星期的零花钱还买不起一个饭盒。初中时班上一个同学,被人连续偷了四个饭盒,几天眼睛都是红的,一个多星期基本都是靠同村的几个同学一人分点饭过日子。后来他父亲知道了,就来教室大骂他是败家子,连自己的饭盒都看不住,说完了把他码在教室后面的铺盖一卷,他从此就告别了读书时代。初三时听班主任说他在郴州的一个煤洞挖煤时被埋在了里面现在想起来还心酸不已。

对教育事业的无悔追求

作为一个农村孩子,我坚信:不读书不是不可以生活,但读书会使生活过得更好。一份耕耘,一份收获,十年寒窗苦读,最终,在1994年的时候我考上了一所师范专科学校,毕业后我被分到了我们县的一个乡中学,一干就是十五年。

常听人说,人的一生中能遇上一位好老师是莫大的幸福。我就是这么一个幸福的人,因为我在学生时代就遇到了许多好老师。老师对我的关心和爱护使我在童年时代就萌生了一个强烈的愿望:长大后做一个像我的老师那样的好老师,让我的学生也能像我一样幸福。因此自从当上老师,我就没有半点松懈。由于年轻刚毕业,学校领导给了我一个重任:两个初一班的数学教学并兼任一个班的班主任。既然挑起了这个重任,我就该把它做好。于是我除了认真备课外,主要的工作就是向有经验的教师学习如何管理班级,如何提高课堂效率,如何让学生喜欢我的课,以提高学生的成绩。一晃三年过去,我带的第一届学生的成绩在全县的毕业统考中名列前茅,同时我与学生也建立了深厚的感情,至今还与几位已为人父、人母的学生保持着联系。现在我已是有十几年教龄的中青年教师了,回顾过去我思绪万千,感受很多。我既有奋斗的艰辛,又有成功的喜悦;既有太多的无奈,又有太多的不甘心;既有取得成绩后的激动,又有得不到理解的失意;既有永不服输的精神,又有废寝忘食后的身心疲惫。但是无论在何种情况下,主导我精神的力量是对献身教育事业无悔的追求,是对学生充满爱与责任。

爱生如子的快乐

十多年的教育教学工作,使我深深懂得,教育是爱的事业。教师的爱不同于一般的爱,它高于母爱,大于友爱,胜于情爱。师爱是严与爱的结合,师爱是教育的桥梁,师爱是后进生转变的催化剂;师爱是"一切为了学生,为了一切学生,为了学生的一切"的博大无私的爱,它包含了崇高的使命感和责任感。

2002届我班上一位男生,母亲在他三岁时候就丢下他父亲和年幼的他,父亲从小既当爹又当妈把他拉扯大,可父亲没有固定的职业,有时候吃了上顿没下顿。从小缺少母爱的他上了初中后变得自暴自弃,学习习惯极不好,产生了厌学情绪。经常旷课,与社会上不三不四的青年交"朋友",学会了抽烟、赌博、打架。功课除了数学外,都很差。我做了多次的思想工作,一次次苦心策划的转化计划一次次地失败,但我没有放弃,一开始我多次把他父亲请到学校来,但他父亲来了以后就是对他一顿痛打,效果不大。后来从电脑老师那了解到,该生电脑课听得很认真,打字速度较快,又从学生那儿了解到,他毕业后打算开一家电脑店。于是我经常在晚饭后叫上他在校园操场边走边谈,希望他改变自己目前懒散的学习态度,断绝与社会上不良少年的交往,老师等着他成为电脑大亨。从交谈中也了解到,他自尊心很强,他不想让同学知道他是个"没妈"的孩子,不想让老师知道他家境如此糟糕……他觉得社会上的"朋友"十分了解他,不会耻笑他。知道情况后,我千方百计地创造让他获得成功的机会,细心注意他的哪怕一点点的进步,我利用他数学成绩突出的特点,给他找了几个"徒弟",希望他课外帮助这几位数学特差的同学,他很乐意接受了,且这几位学生在他辅导下,由原来考试二三十分到及格,这不能不说有他的功劳。同时他也不再三天两头逃课,上课也认真了许多,中考时他数学考了105分。我知道要想做一名称职的教师，特别是班主任，仅有较高的教学水平是远远不够的。还必须用自己真挚的情感，无私地帮助每一个学生，使他们在学校这个大家庭中健康成长。现在社会五花八门，网吧、电子游戏、不健康的影视、漫画等，这些东西对他们的吸引力远远超出课本知识，学生一旦沾上这些"毒瘾"，成绩肯定会一落千丈。但老师不可能绝对禁止得了，堵不如疏，因此我利用课外时间与他们谈如何处理学习与玩的时间，且把我的QQ号告诉他们，我们可以在QQ上无须面对面地自由交谈。同时我告诉他们如何正确上网。通过这个无声世界的交流，上网打游戏的学生少了，看到学生一个个都变得懂事了，爱学习了，我由衷地感到，给学生多一点爱，自己也多收获一份快乐。

在课改中务实前行

新的课程理念，新的教材，新的社会人才标准，对广大教师提出了新的更高的要求，教师必须广泛吸纳，以满足更好地为学生的成长成才服务的需要。基于这种认识，我尝试了以下的做法。

为把握数学教育的实质，我不但认真学习新课程理念，仔细分析学习内容的背景、价值、结构等，了解学生的数学现实，而且重视查阅资料，如上网查找与课文相关的数学知识，查阅他人对这课内容的教学设计策略，同时反思自己过去对这课内容的教学得失。在此基础上，拟定教学目标，设计教学策略，制订教学方案。要在课堂短短四十分钟内尽量让学生学得扎实，教师必须根据学生学习数学的认知特点选择教法，并提高指导的艺术。为让学生学得轻松，学得愉快，我不但注重学习情境教学理论、层次差异理论，而且虚心接受老教师的行为指导，包括相互听课（一般每星期听老教师的课二到三节）、相互研讨，同时注重课后反思，总结得失。旨在尽量使我的数学课上得生动活泼，以满足不同层次学生学习的需要。我觉得学习别人的经验，总结自己的得失，是提高自己素质的需要，也是提高课堂教学实效的需要，更是教师的一种育人责任。

为不增加学生的学业负担，布置作业必须具有针对性、层次性。我的做法是：对优秀学生要求课外做些难度较大的练习；对基础差而记忆力又弱的学生只要求理解最基础的知识点，并做些基础练习。这种"因材施教"的布置作业得到了学生的好评。对学生作业的批改，我的做法是及时、认真，并分析记录学生的作业情况，将出现的问题及时讲解。同时，我还注重为不同层次的学生进行相应的辅导，以满足不同层次的学生的需求，避免了一刀切的弊端，同时加大了对后进生的辅导力度。对后进生的辅导，并不限于学习知识性的辅导，更重要的是使他们对数学学习萌发兴趣，从而自觉地把身心投放到学习中去。这样，后进生的转化就由原来的简单粗暴、强制学习转化到自觉的求知上来。在此基础上，再教给他们学习的方法，提高他们的技能，并认真细致地做好查漏补缺工作。后进生通常存在很多知识断层，这些都是后进生转化过程中的绊脚石，在做好后进生的转化工作同时，要特别注意给他们补课，把他们以前学习的知识断层补充完整，这样，他们就会学得轻松，进步也快，兴趣和求知欲也会随之增加。

我们置身于春天，万物在阳光下萌生。我一定树立终身学习的意识，不断分享专家名师的经验，学以恒远，兢兢业业地奉献，踏踏实实地工作，做幸福的教师，实现自己美丽的教育梦想。

第二部分 我的研究之旅

问题：如何提高初中学生的数学学习的问题意识

提问——学生的难处

在我们平时的教学中，常常遇到学生说没懂，当老师问他哪里不懂时，学生却不知道回答，只说我反正就是不懂，我也不知哪里不懂。有时特意创设提问的情境，发现班上几个数学成绩优秀的学生，根本提不出问题。农村的学生，学生不会问、不敢问、不好意思问等，是学生问题意识缺失的主要原因。这主要包括学生的问题意识和提问能力两方面的问题。

提问——学生的症结

长期以来，我国教育受应试教育的影响，使得学生的思维受到了严重的制约。随着新课程在全国的实施，我们正在逐步改变教师的教学方式，不仅限于教师带着问题去传授知识，而是学生带着问题去学习。教师的职责"传道、授业、解惑"，基本上还是重点在于"传道、授业"上，至于"解惑"只是教师自己的一厢情愿。其实，问题是教师"教"与学生"学"的起点，是师生做学问的动力，是创新不竭的源泉。

新课程改革大力倡导让学生自己发现问题，提出问题。但是，目前中学生普遍存在问题意识差，不能发现问题，或者发现问题也不敢问、不会问的情况。这是不争的事实。根据对初一、初二学生的问卷抽查和对初一数学部分教师的访谈，我们发现当前初中生在数学新课程的学习过程中，提出问题的能力还是比较欠缺的，主要表现在以下几个方面：

一、问题意识薄弱

问卷调查发现，极少的学生认为自己经常提出数学问题，大部分的同学则选择"较少"和"极少"。很多的学生认为学习数学就是多做练习题，提高解题速度，在学习方法上最重要的就是上课要跟上老师思路，多看参考书上的解题方法。近一半学生不喜欢在数学学习过程中提问题，只有在小组讨论中，他们才会试图提出一种不同于他人的新看法。由此可见，学生主动提出问题的意识是非常薄弱的。

二、心理素质不强

学生在课堂上或课后不提问的原因有很多。比如，怕向老师提问紧张得脑袋一片空白，怕提出的问题太简单被同学嘲笑，怕被老师进一步反问、追问等。大部分的同学都有过想到数学问题而不敢向老师或同学提出来的经历。从提问模式上看，主要以学生向学生提问为主，学生向老师提问居其次。还有的学生则由于学习的惰性，遇到问题就退缩或置之不理，希望别人提出相似问题或给出答案，从而影响了提出问题的能力。

三、提问方法简单

怎样去发现问题、提出问题，虽然没有固定的模式，却还是有一定规律的。由于原先长期的应试教育，学生习惯于接受式学习，把解题看成一种任务，缺乏独立思考的能力，谈不上掌握提出问题的方法。大多数学生都只是以不会做的习题当作问题就是最好的例证。

让农村初中学生投入到数学活动中的关键，是激发他们的兴趣，创造一个学生乐于参与的活动情境，课堂让学生敢提问题，会提问题，以自己独特的见解去解决问题，让他们的个性得到充分的张扬。数学问题源于学生生活，学生有原有的认知基础，教师所以针对主题图画创设合理的、贴近学生生活的问题情境就显得尤为重要。在课堂上试着让学生模仿教师的提问方法，时间久了，学生的问题方法和问题意识就能得到培养。

提问——我的教学对策与反思

一、给学生提问的机会，让学生去发现问题和提出问题

在学习三角形外角时，我只画了个三角形并延长了一边，然后提问：现在学习三角形的内角，小学时就讲过三角形的角，而我们书上强调内角，请你根据我所画的图，提出你能提出的问题。

学生各抒己见，问题有如下几个：1．有没有三角形的外角？2．三角形的外角是什么？3．三角形有几个外角？4．三角形的三个外角和是多少？5．三角形的外角与内角有什么关系？为什么只问三个外角的和？然后带着问题，学生自己解决，我只适时点评和讲解。这节课效果相当好，带着提出问题和解决问题的成就感，学生参与积极性很高。这是在周五的最后一节课上的，对于归心似箭的寄宿班同学来讲，若用常规的教学方法，是难以达到学习的效果的。

二、教会学生自己提出问题的一些技巧。

1．对基本概念的提问

"概念这种东西已经不是事物的现象，不是事物的各个片面，不是它们的外部联系，而是抓着了事物的本质，事物的全体，事物的内部联

系。"(毛泽东《实践论》)可见，概念具有较强的抽象程度和逻辑水平，要深刻理解、掌握它，可以从概念的内涵、外延提出很多问题来。

例如：函数概念教学"在变化过程中有两个变量x和y，如果对于x在某一范围内的每一个确定的值，y都有唯一确定的值和它对应，那么就说y是x的函数，x叫做自变量"。我们启发学生至少可以提出以下问题：

(1) 变量x必须在某一范围内，那么这个范围是怎样的一个范围？开区间？闭区间？还是半开半闭区间？变量y是否也有范围？

(2) 为什么要求x必须是某一范围内的每一个值，有一点不符合，不行吗？

(3) "唯一"说明了变量x和y是怎样的一种对应关系？可以多对一吗？能否一对多呢？

(4) 根据这一定义，函数的形式可以是表格、图象吗？

(5) 具体判断时怎么办？

(6) 下面的两个问题怎么解决？

例1．右图中，哪几个表示y是x的函数？

例2．若$y=x^2$，则①y是否是x的函数？②x是y（$y\geq 0$）的函数吗？

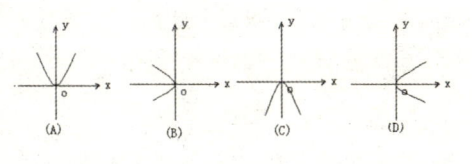

通过这样启发，可以培养学生的提问能力，又可以使学生养成逐字逐句质疑的习惯，从而使学生对基本概念有一个深刻的理解。

2．对公式、定理的提问

公式和定理是解题的重要工具，因此我们必须切实掌握。为此，可通过提出以下几个问题来帮助我们理解、掌握它。(1) 公式、定理的条件是什么？结论是什么？(2) 公式是如何推导的？推导过程中用到了哪些主要的数学思想、方法？(3) 公式是否可逆？能变式应用吗？可以推广吗？(4) 在应用时，应注意些什么？可以解决哪些模式的问题？等等。

161

例如，教学等比定理
$\frac{a_1}{b_1}=\frac{a_2}{b_2}=\frac{a_3}{b_3}=\cdots=\frac{a_n}{b_n}(b_1+b_2+\cdots+b_n\neq 0)\Rightarrow\frac{a_1+a_2+\cdots+a_n}{b_1+b_2+\cdots+b_n}=\frac{a_1}{b_1}$。我们启发学生提出以下一些问题：①推导过程中设比值为k，有何作用？能否借鉴到比值计算问题？②为什么要规定$b_1+b_2+\cdots+b_3\neq 0$？如果没有这个条件，又可得到怎样的一个结论？

③可以推广吗？即
$\frac{a_1}{b_1}=\frac{a_2}{b_2}=\frac{a_3}{b_3}=\cdots=\frac{a_n}{b_n}(b_1+b_2+\cdots+b_n\neq 0)\Rightarrow\frac{ka_1+ka_2+\cdots ka_n}{kb_1+kb_2+\cdots kb_n}=\frac{a_1}{b_1}$
通过这样提问解答，学生对于如下问题：已知x、y、z均不为0，若$\frac{y+z}{x}=\frac{z+x}{y}=\frac{x+y}{z}=k$，求k的值，就不会犯错了。

3．对例、习题的提问

对例、习题的提问，可以从以下几方面来入手：

（1）探索解法上

可以提出如下问题①已知是什么？未知是什么？②似曾见过吗？是否知道与它有关的问题，或能想起类似熟悉的问题吗？③能不能想出一个更容易着手的有关问题？④能解答问题的一部分吗？⑤用了全部条件吗？⑥是否需要考虑一个辅助问题？⑦能否找到一个解决方案？可以校核结果吗？能用不同的方法解答吗？

（2）变式研究上

变式的方法可以是①变换问题的形式，如将证明题变为计算题；将主观题变为客观题等；②图形变换，就是在题设、结论不变的前提下改变图形的形状、位置关系；③反向变换，就是把题目的"题设"和结论在一定条件下进行转化，得到新题；④题设不变，深化结论，也就是保留题设不变的前提下，挖掘新的结论；⑤变换题设，得出新结论；⑥减弱题设，使结论发散等。

例如：在△ABC中，AB>AC，边AB上取一点D，在边AC上取一点E，使AD=AE，直线DE和BC的延长线交于P，求证：BP:CP=BD:CE

①多解探索

解法1：过点C作CF//BD交PD于F，证明略。

解法2：过点C作CF∥PD交AB于F，证明略。
解法3：过点B作BF∥AC交PD的延长线于F，证明略。
解法4：过点B作BF∥PD交AC的延长线于F，证明略。
解法5：过点A作AF∥PD交BP的延长线于F，证明略。

② 寻求规律

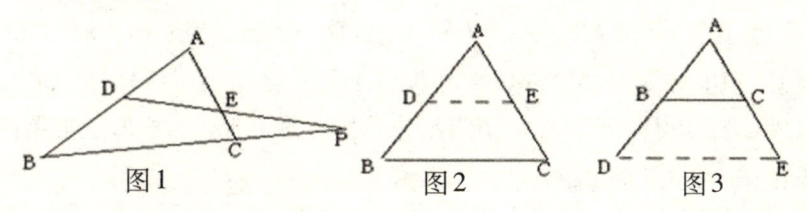

图1　　　图2　　　图3

这是一道有关同一直线上有公共端点的两线段比的证明型问题，一般做法是构造如下基本图形，应用平行线分线段成比例定理及其推论来解答。

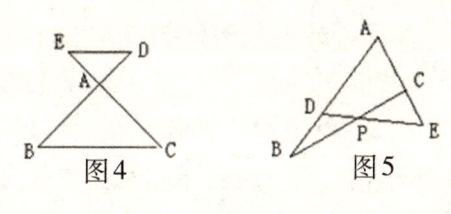

图4　　　图5

解法1、2就是构造图2；解法3、5就是构造图3；解法4就是构造图4。

③ 变式研究

变式1　如图1所示，在△ABC中，AB>AC，边AB上取一点D，在边AC上取一点E，直线DE和BC的延长线交于点P，且BP:CP=BD:CE，求证：AD=AE。

变式2　如图5所示，在△ABC中，AB>AC，边AB上取一点D，在AC延长线上取一点E，直线DE和BC交于点P，AD=AE，求证：BP:CP=BD:CE。

变式3　在△ABC中，AB=AC，D、E分别为AB、AC上的点，且AD>AE，ED的延长线交CB的延长线于P，求证：DP:EP=BD:CE。

变式4　在△ABC中，AB>AC，D、E分别为AB、AC上的点，且BD=CE，ED的延长线交CB的延长线于P，求证：(1) BP:CP=AE:

163

AD；（2）DP:EP=AC:AB。

变式5　如图1所示，在△ABC中，AB=5，AC=3，AD=AE=2，求BP:CP的值。

变式6　在△ABC中，边AB上取一点D，使AD=DB，在边AC上取一点E，DE的延长线交BC的延长线于P，求证：BP:CP=AE:EC。

变式7　在△ABC中，AB>AC，点D、E分别是边AB、AC上的任意点，DE的延长线交BC的延长线于P，是否存在这样的点P，使△PEC∽△PBD，若存在，请作出，并找出图中所有的相似三角形；若不存在，请说明理由。

第三部分　我的反思之乐

我的学生我感动

人是一种高级的情感动物，我们常常生活在感动之中，每时每刻都有感动存在，今夜静下来，翻阅着自己的心灵历程，生活中那一段段记忆便一幕幕浮现在眼前，心底间顿涌动着一股莫名的感动，父母关爱的唠叨，爱人牵挂的目光，朋友祝福问候的短信，同事递来的一杯热茶，累了的时候儿子的捶背……生活中太多太多的故事足以感动我们一生一世。我是一个情感丰富的人，也是一个极易被感动的人，作为一个农村中学的班主任老师，或许更多一份珍贵的感动，那便是来自我的工作，来自我的每一个学生。

工作十几年了，自从走进教室便和学生有了说不完的故事，也就有了道不尽的感动。十几年来一直担任班主任，班主任比一般任课老师更多一些与学生相处的机会，更多一些了解学生内心世界的机会，工作至今，和学生在一起我常常被感动着，时常想起学生从家里给我带来的炒板栗，想起野炊时从山上采摘来的好看的花草，想起国培归来踏进教室瞬间，学生那热烈的掌声，想起离别时他们那不舍的拥抱……每当此时，感动便在我心中荡漾开来！

三年过去了，这样一个故事，却让我备加感动，让我备觉珍贵：那是一个晚饭后的篮球比赛，我不小心把脚弄骨折了，不得不绑上石膏在家休息一个月，两天后我收到了一条短信：老师，我们想你了，你能快点好起来走进我们的教室么？我们需要你！当时没太在意，一周后又收到一条：老师，这一周来，我发现没有你的身影出现在我们教室，没有你的批评响在我的耳边，我竟然是如此的不习惯，老师我错啦，我真的愿意用我的行动来改变自己！我知道他就是我班的胡春来同学，一个缺少母爱而又特别叛逆的孩子，偷摸扒窃，打架扯皮，一个让老师头痛，让同学讨厌的学生。收到这条信息后，我也没抱什么希望想他有多少改变。可我没想到的是，几天后，我们班的英语老师佘老师打电话告诉我，这两周春来同学在课堂上的表现出乎她的意料，认真、积极，而且能主动作作业了。几个班干部周末的时候也来告诉我：老师，胡春来同学，自从你请假后就再也没有在班上捣乱过，而且每天都能主动帮着班干部管理班上的纪律，他说要比你亲自管理还要好，让老师康复后走进教室有一个新的收获和感动。一个月后，我看到了他的改变，也收获了真正的感动。

　　这是一个平凡而真实的故事，或许我们身边调皮生不少，真正能改变的也不是很多，但春来同学真真切切地变了，而今他已经是一个体育院校的本科生了！这么一个当时人人讨厌的调皮生能改变自己，成为一个大学生，怎能不让人高兴？作为一名老师感动并不需要太贵重的礼物，也不需要太华丽的词藻，一句轻声的问候，一个鼓励的眼神，一次难舍的拥抱，一句朴实的毕业留言，都足以让我感动。学生不是无情物，老师与学生之间感动的故事还会一届又一届地延续下去……

个案9　随风潜入夜，润物细无声

姓名：黄新明

所在学校：萍乡市第六中学

从教年限：22年

最喜欢的一句话：学生和家长的满意是我最大的欣慰。

最喜欢的休闲方式：听音乐、跳舞

第一部分　我的教育自传

没有哪一种好的方法是可以拿来就用的，别人的好方法不一定全部适合你，你必须要经过不断地实践，不断地改进，再实践，再改进的过程，中间可能会遇到种种困难，但是如果你能坚持，相信你一定会取得成功。

学为人师

我出生在一个多姊妹的普通农民家庭，排行老五，我和老四就相差了十岁，因此当我开始懂事时，爸妈年岁已高，哥哥姐姐们已经长大成人且都已经陆续成家，于是我便成为了爸妈的负担，特别是当我初中毕业考出比较优异的成绩时，爸妈的第一反应就是让我去读师范中专，这样便能解决他们的后顾之忧，可是，我偏偏是一个不善言谈的人，好多人都说我不是一块教书的料，于是在众多亲戚朋友的劝说下，在哥哥、姐姐的帮助下上了高中。

在高中的三年里，我拼命地读书，就在最后一次的摸底考试中我都考出了600多分的好成绩。可是天有不测风云，在我高考的前三天，我爸因中暑而撒手人寰。我面对不能接受的现实，在家折腾了两天两夜之后去参加了高考。我的高考是在昏昏欲睡的状况下进行的，因记不清自己做的答案而无法估分。我知道肯定是考得一团糟，以前的理想、目标现在统统都没有了，我唯一的想法就是不管什么学校，能跳出"农门"就行，于是我便毫不犹豫地填写了一个我不愿意去而又有可能被录取的学校——萍乡教育学院。也许是我逃脱不了教书这个职业，我的高考成绩居然远远超出了萍乡教育学院的录取分数，但因为没有填写其他志愿而被萍乡教育学院录取了。从那一刻起，我知道，我除了教书之外别无选择，既然命中注定，那我就一定要做一名好老师，教好我的书。

就这样，在大学的三年时间里，我做好了充分的思想准备，我认认真真地学好大学里的每一门课程，努力地锻炼自己，克服自己的不足，时时刻刻地关注着我的每一位老师，学他们身上各自的优点。功夫不负有心人，在大二时，有一次我的班主任老师因身体不舒服，我便代替他给我们班同学上了两堂解析几何课，而且效果还不错，从那一次开始，我便坚定了自己能做好教师这个职业的信念。特别是在安源镇中学三个月的实习生涯中，我每天坚持听2~3节有经验的老师的课，经常听他们谈论如何带班，怎样才能做一个好班主任，平时我除了帮助我所带班级的班主任做好班级工作外，只要有时间我一定会帮其他老师的忙。除此之外，我还经常与学生打成一片，与班主任一道组织主题班会课等，因此，三个月实习过后，我在教学方面、班主任工作方面，还有对学生心理的了解方面，都得到了很大的锻炼，同时也得到了该班科任老师、班主任、学校领导以及其他一些老师的高度评价，我开始明白，我的努力不会白费。

初为人师

1991年7月，我以优异的成绩从萍乡教育学院毕业，分配到了萍乡市湘东区老关镇一所规模很小的农村中学，开始从事"太阳底下最光辉的职业"，成了一名人民教师。刚开始我分配教初二的数学，该班有学生63名且男生比较多，听班主任说他们非常调皮，以前教他们的那位老师就是因为他们调皮难管理，而不想继续教他们了。我了解了这些情况后，凭借我实习得来的经验，我懂得一个能把课上得让学生佩服的老师一定能征服很多学生，特别是很多调皮学生。因此我一定要上好我的第一堂课。

于是我着手精心备课，无论是从知识结构，还是例题的选取，习题的梯度，甚至是每一个部分的衔接，我都做好了充分准备，在家一个人一次又一次地试讲，直到自己满意为止，结果第一节课下来，也许是我讲课的生动，也许是我的亲和力，也许是我与以前教他们的老师授课方式不同，也许我是一个年青的老师和他们年龄相近，也许……总之上课时没有一个同学讲话，下课后我得到了全班同学雷鸣般的掌声，并且大多数学生都围着我问这问那，都说喜欢上我的课。

从那节课后，我上每一节课都不敢怠慢，生怕耽误了我的学生，因此我每天都是认认真真、兢兢业业地工作，除了备课、批改作业、了解学生外，我每天至少要听1~2节其他数学老师的课，从每个老师的课堂上去学习他们的优点。结果，我的专业很快的得到了成长，半个学期后的一次期中考试，全镇3所初中学校同年级12个班中，我班成绩排名第一。之后该镇的教育组长便前来听我的课，第二个学期，我向全镇的数学老师上了一堂几何公开课，得到了领导和同行们的好评。

正是因为领导和同行们的肯定，让我获得了自信，也正是因为学生的配合和他们对知识的渴求，让我不断前行。我开始一天天成长，我不再只注重吃透教材，我开始慢慢地注重教学方法的选择，我认真查阅资料，征订《江西教育》《江苏教育》《江西教育科研》《数学教师》等刊物，不断地用书本上学到的理论知识来指导实践，我的课逐渐成型，我积极参加各级举办的教学比武和演讲比赛，并且都取得了好的成绩。

从1992年开始，我便连续六年任教初三毕业班的数学教学，教学成绩一直名列前茅，我也获得了一些荣誉：1992年、1993年我都被评为镇优秀教师；1994年被评为湘东区优秀教师；1997年被评为萍乡市优秀教师、湘东区第一批中学数学骨干教师，并当选为湘东区第七届人大代表；1999年被评为萍乡市第一批中学数学骨干教师；2000年被评为湘东区教书育人标兵。2001年，通过全市公开招聘，我以笔试和面试都是第一的好成绩，被招聘到萍乡六中。

从这里起航

在萍乡六中的十一年教学中，是我教学生涯中的辉煌时期，我接触到的老师、学生、领导都是一流的。特别是我遇到了引领我专业走向成熟和创新的专家——市教研室王美德老师。是他让我一次又一次地参加市级、省级举办的各种培训，从理论上得到了很大的提升；是他一次又一次地听我的课，一次又一次地指出不足并帮助我完善，让我在实践中不断地得到锻炼，理论上不断地得到提升。还是他一次又一次地鼓励我大胆地进行课改，让我走在课改的前列，并且获得了同行们的认可和好评。因此我所带班级七、八年级学生的平均成绩每学期都在95分左右，中考成绩每届都在100分以上。期间，我上过各级各类的公开课、示范课、研讨课、录像课，并得到了市、省教研室专家和北师大教材主编马复教授的高度评价。论文《怎样使课堂教学更有效》获省一等奖；论文《培养初中数学自学能力之我见》获省一等奖；论文《教会学生做人》于2008年在《萍乡日报》上发表；2007年被评为萍乡市优秀党员；2008年被评为萍乡市优秀班主任、萍乡市教研工作先进个人，被授予中国数学奥林匹克二级教练员称号；2010年被评为萍乡市"十佳人民满意教师"、"江西省中学数学骨干教师"；2011年被评为"萍乡市中学数学教研会中学数学"优秀教师。

第二部分　我的研究之旅

问题：如何培养学生自学能力

当"杜郎口教学模式"和"洋思中学教学模式"红遍大江南北，影响全国上下的时候，我校也借教改之东风，各学科教研组、备课组都陆续申报了省级或市级课题或校级的行动研究。我从2007年下学期开始，结合自己的教学实践申报了省级课题《"以培养初中学生数学自学能力为核心"实施先学后教的课堂教学方式》实验的研究。

课堂教学模式包括四个方面：

一、自主学习——课外学生进行自主预习。

二、及时反馈——课前老师了解学生的预习情况。

三、释疑解惑——课中让学生展示预习成果，解决预习疑惑。

四、能力提升——课中让学生讨论交流，提升学生能力。

一、自主学习

自主学习包括：预习设计，预习反馈，问题与作业三部分。预习设计分为三个阶段：

第一阶段：学生泛泛预习

让学生自己预习，泛泛预习，老师只给出预习的内容，而不针对预习的内容作任何的提示和指导，预习后让学生通过预习写好我的收获和我的疑惑或困惑。刚开始大部分学生认为预习是一件很容易的事，就是从头到尾看一遍第二天要讲的内容，写我的收获时就把课本上的定义、定理或公式抄上，写我的困惑时大部分学生都是没有问题，没有疑惑，课本上的都能看懂，少数学生会把课本上一些看不懂的例题和一些不会做的习题写上。第二天当老师检查他们预习时已经掌握的知识时，大部分的同学都说不出来，这样的预习只是形式上的一种完成任务，只要3~5分钟就可以做完，他们根本不知道怎样去预习，极少数同学甚至不预习，老师要检查的话，就直接拿着其他同学的抄一下。当我看到同学们根本不会预习时，我便开始了第二阶段。

第二阶段：教师指导预习

教师先设计好自学指导，学生根据自学指导进行预习，学生预习完知识点以后，尝试完成课后的随堂练习，然后把已经掌握了的知识或需要注意的地方写成预习收获，不懂的知识、看不懂的例题或不会做的习题写成疑惑。在这个过程中，要求老师头一天就要把第二天新课内容的预习指导写给学生，以便学生头天晚上做好充分的预习。写预习指导有以下要求：

（1）温故：把与本节课有关的以前学过的知识让学生进行回顾与思考。学生如果不记得可以让其在预习过程中去翻课本或查资料。

（2）知新：预习指导要能体现通过巩固学过的知识，逐步获取新知识。

（3）形成知识链或知识块：预习指导要使预习知识形成板块。

（4）预习反馈：通过预习完成课后会做的练习，如果不会做的便是预习存在的疑惑。

以下是我写的几个预习指导，仅供大家参考。

案例一：人教版第十七章反比例函数

17.1.1 反比例函数的意义

自学指导

1．阅读课本P39~40并思考下列问题

①什么是反比例函数？它的一般形式是怎样的？自变量的指数是多少？反比例函数的自变量有没有什么要求？

②你能把反比例函数写成不含分母的形式吗？

③反比例函数有几种表示形式？是哪几种形式？

④反比例函数中自变量的取值范围是什么？

2．判断一个函数是否是反比例函数的方法有几种？反比例函数必须满足几个条件？

3．怎样用待定系数法求反比例函数的解析式？

4．完成课本P40练习。

17.1.2 反比例函数的图像和性质（第一课时）

自学指导

1．函数有哪三种表示方法？

2．描点法画函数图像的一般步骤怎样？

3．阅读课本 P41~43。

4．反比例函数的图像是什么？

5．你能用描点法画出反比例函数的图像吗？

6．你认为作反比例函数图像时应注意哪几个问题？

7．能否说出反比例函数图像的性质？试一试。

8．能否根据反比例函数的解析式说出反比例函数的图像所在的象限？试一试。

案例二：人教版第十九章《平行四边形的性质》

自学指导

1．一般四边形有什么性质？

2．什么是平行四边形？平行四边形如何表示？

3．每个同学都做两个全等的三角形纸片，你能用这两张三角形纸片拼出几个不同的四边形？其中有几个不同的平行四边形？

4．通过观察和测量你发现平行四边形的两组对边有什么关系？平行四边形的两组对角呢？平行四边形的邻角呢？

5．你能从理论上将你上述的发现加以证明吗？试试看。

6．平行四边形的内角和是多少度？外角和呢？

7．平行四边形在日常生活中有什么作用？

8．你还有哪些疑惑？

老师设计自学指导，学生在老师的自学指导下慢慢地开始懂得怎样去预习，同时老师根据具体的教学内容不断地教学生怎样预习，怎样去处理课本例题和随堂练习。如老师要求学生预习例题时要先做后看，不看例题的解答过程把例题先做一遍，看你做的方法是否与课本例题一样，若不一样，你的方法是否可行，如果自己不能肯定，就把这种方法写在预习本上,让老师帮助判断,如果还有别的方法,你还可以尝试其他方法解答。若自己不会做,再看看课本例题的解答过程,你是否能看懂,如果看不懂,你是哪一步看不懂,或哪个地方不理解,把这些看不懂或不理解的地方写成你的疑惑,你通过预习能学懂的知识就是你的收获,这样学生的预习收获和预习疑惑或困惑就是通过学生自主预习后写在预习本上呈现给老师的。经过老师这样一步一步的指点,学生一天一天地实践,慢慢地学生就知道了怎样去预习,怎样的预习才更有效。

第三阶段:学生自主预习

美国数学教育家波利曾说过:"学习任何东西,最好的途径是自己去发现。"当学生在老师的预习指导下慢慢地懂得了怎样预习并能做好预习后,老师便可以要求学生仿照老师前面的预习指导和老师教给他们的预习方法尝试着自己写预习指导,预习完后完成课后随堂练习,写出自己的预习收获和疑惑。结果我发现很多学习基础比较好的同学按照老师教给的方法预习后,因为没有老师预习指导的束缚,他们通过自己的理解能提出很多问题,而且很多问题都非常精彩,这些问题的提出不但对学生本人是一种能力的培养和提升,同时也是对其他同学的一种帮助,有同学说:当我不能像其他同学那样提出一个个有价值的问题时,我会很认真地聆听别人的问题,当他们提出的问题我能帮助解决时,我会主动帮助解决,当他们的问题也是我的问题时,我会积极地思考并认真地听其他同学或是老师的讲解。有时学生提出来的一些问题连老师都没有料想到,因此对老师的教学也是一种帮助,老师也能更全面地了解学生存在的问题,并且有针对性地进行教学,使教与学达到和谐统一,收到满意的效果。

下面是我班学生通过预习提出的一些问题。

案例三:北师大版七年级下册第二章《探索两直线平行的条件》

第二课学生预习后提出了以下几个问题:

1. 如何区分内错角和同旁内角?
2. 不清楚课本上给出的"内错角相等,两直线平行"和"同旁内角互补，两直线平行"的理由。

3．不知道课本"做一做"中小明是测量的哪些角，从而知道小画板的边缘是否平行的。

4．如图1所示，∠1与∠8是内错角吗？∠1与∠8是同旁内角吗？∠3与∠2是不是内错角？∠3与∠5是不是内错角？∠3与∠7是不是同旁内角？

5．如图2所示，是课本的随堂练习，题目要求找出∠2的内错角，可是内错角是要在两直线的内部，第三直线的两侧，而∠2是在直线a和b的外侧，怎么会有内错角呢？

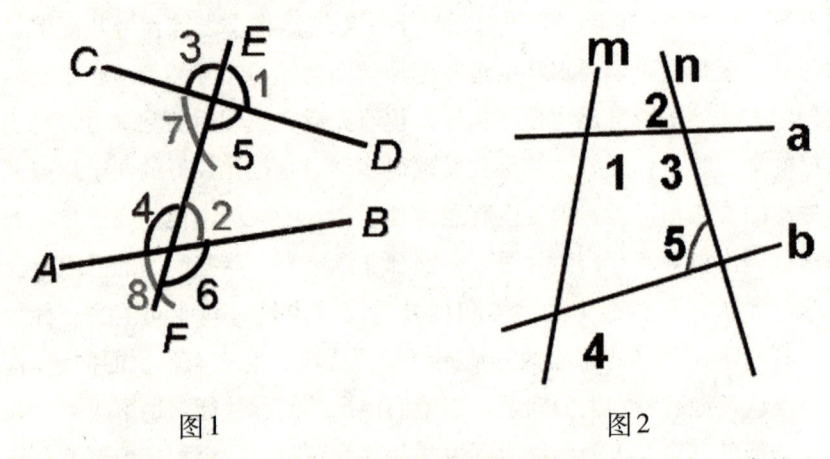

图1

图2

6．同位角和内错角都是满足相等才能判定两直线平行，为什么同旁内角不是满足相等而是满足互补的条件才能使两直线平行？

案例四：新人教版《实际问题与一元二次方程》

第三课时"探究3"，学生预习后提出了以下几个问题：

1．题目中"正中央是一个与整个封面长宽比例相同的矩形"这句话怎么理解？

2．为什么要得到上、下边与左、右边之比？式子是什么意思？

3．为什么上、下边与左、右边的宽度之比也是9:7？

4．探究3中的根为什么有一个要舍去，这两个根都大于0，为什么不符合问题的实际意义呢？

5. 若一元二次方程有两个解，且两个解都是正数，应该取哪一个？

6. 此题到底有几种解法？有没有更容易的解法？

7. 如果正中央的长方形与外面的长方形不成比例但其余条件不变，怎么求？

像这样的问题每天都有，所以老师每天都必须先看学生的预习疑惑才能针对学生的问题上课。

二、预习反馈

预习反馈包括预习收获和预习疑惑，学生预习完以后，老师要及时了解和掌握学生在预习过程中的预习收获和预习疑惑。老师每天的授课就是根据同学们的收获和疑惑展开的。

每天我来学校的第一件事，就是先看学生的预习本，了解学生预习时的收获和疑惑，然后把学生的收获和疑惑进行整理，如果是个别问题或问题不是很难，单独解决或在预习本上进行提示，或是在课堂上讲完这个知识点后让学生自己解答。如果是大部分同学存在的问题，则这些问题就是本节课要在课堂上帮助同学们解决的重点问题。如果是个别提出的而且很典型的问题，则让全班同学在掌握了本节课的知识后共同讨论交流，或在老师的启发下共同完成。

三、问题与作业

问题与作业包含问题的出现和问题的解决。在以往的教学中，学生问题的出现往往要等到学生完成作业后，老师批改时才能发现，所以老师经常要在学生完成作业后，针对学生出现的问题再进行作业讲评。如果学生先预习后上课的话，他们就可以先把预习时已经知道做的作业完成，对于预习不懂的问题和不会做的作业则是自己的疑惑和困惑，于是学生每天都是带着问题和疑惑来听课，使问题和疑惑能够在上新课的时候就得到解决。这样，学生在上课时的听讲情绪大大地提高了，绝对会认真听老师和同学的讲解，学生中存在的问题得到了解决，课堂效果非常好。

四、展示、反馈、质疑、解惑

展示、反馈、质疑、解惑包括展示预习成果，解决预习疑惑，提升学生能力。学生在做好了预习，并且教师也了解了学生的预习情况并把问题进行了归纳整理后开始上课，对于学生已经掌握的知识点让学生在课堂上进行展示；对于学生似是而非的、不能掌握的知识点，则通过教师的引领、点拨，让学生主动去探究、发现，最后达到理解和掌握；学生存在的疑惑，则是本节课的重点，重点问题的解决可以采取多种形式，比如让掌握了的学生帮助不懂的学生；采取小组合作、讨论交流的形式；或是老师提示启发与学生一道共同解决等等。这样就可以把学生在预习中存在的问题在课堂上最大限度地解决。

解惑的过程，就是学习的过程，也是进步的过程，更是能力提升的过程。学生就是在解开一个个疑惑中走向成熟与完美。

总的来说，没有哪一种好的方法是可以拿来就用的，别人的好方法不一定全部适合你，你要摸索出一种好的方法也不是一朝一夕的功夫就可以达到目的。必须要经过不断的实践，不断的改进，再实践，再改进的过程，中间可能会遇到种种困难，但是如果你能坚持，相信你一定会取得成功。

第三部分　我的班主任之法

班主任工作和教学一样"有法而无定法"，并不是有某种方法可以拿来照搬现用，因为我们所面对的学生不一样。有人认为不当班主任的老师是不完整的老师。其实现实中很多老师都是不愿做班主任的，因为班主任要做的事情确实是太多太杂了，为了能使自己从日常繁琐的事务中解脱出来，从七年级开始，我就在培养和建设一支得力的班干部队伍上下功夫，使他们成为我的得力助手，协助我管理好日常班级事务。因此，七年级是我当班主任最辛苦的一年，到了八年级和九年级班主任基本上可以轻松下来。那么怎样才能培养和建设好一支优秀的班干部队伍呢？

1. 公平选拔

每一届七年级的新生第一天报到后，我交代的第一次工作就是第二天要竞选班干部。首先给全班同学作动员，鼓励学生积极参与。目的是让全班绝大部分同学都来竞选班干部，这样竞选时才会更加激烈，同学们才会尽全力展示自己的才能和特长。同时也能提前培养同学们的"竞争"意识。其次要说明竞选班干部有哪些职位，竞选的方式怎样。一般是分岗位竞选。竞选的岗位有班长、副班长、学习委员、宣传委员、劳动委员、体育委员、文明监督员，还有各科的课代表。学生根据自己的能力和喜爱开展竞选演说。当一个岗位的所有选手竞选完后，竞选这个岗位的同学就作为候选人，再由全班同学通过投票的方式选举产生，这一职位的班干部就确定了。以此类推，所有的班干部包括课代表都是这样确定的。班干部都是由同学们自己选出来的，因此同学们也愿意听从所当选班干部的安排，服从班干部的管理，即使有少数不服从的同学，班主任也好进行教育。这样一支新的班干部队伍就成立了。

2. 精心培养

通过竞选出来的班干部队伍，无论是从工作能力、工作方法，还是工作责任感方面，都需要老师精心的指导和培养，那么老师应该从哪些方面着手呢？第一要树立班干部的自信心。班干部是通过自己的竞选和同学们的认可当选的，今后他们可以大胆地开展自己的工作。同时他们只有在其位谋其政，做好了自己的工作，才会得到同学们进一步的认可。第二对班干部要严格要求。班干部一定要先做到遵守学校各项规章制度，团结友爱，助人为乐，热爱班集体，上课认真听讲，作业按时完成，学习上刻苦努力，不断进步，各方面都成为班级同学的表率。第三要树立班干部在同学们心目中的威信。班主任要时刻关注和指导班干部的工作，对班干部在工作过程中取得的一些成绩及时给予肯定和表扬，让同学们看到班干部不管是在思想和行动上的确要比自己先进，和自己不一样，同时也鞭策了班干部还要更进一步地严格要求自己，要让自己的威信自然而然地在同学们心目中树立起来。第四，老师要在日常的工作中以身作则，做班干部和同学们的表率。要让班干部成为同学们的表率，老师自己要先成为班干部和同学们的表率。比如班主任要来校早，回家晚，时时刻刻都在关注着班级，关注着班上每一个同学的学习、生活和同学们各方面的表现，让同学们感受到老师的关怀和班集体的温暖。第五要教会班干部管理好班级日常事务，让全班同学明白特别是让班干部明白，班主任是一班之主，班长也是一班之主，班主任就像家长一样关心和关注着班上的每一个同学和班级的每一件事情，班干部也要学会关注班上的大事、小事，能自己处理的事情及时处理，不能处理的及时向班主任汇报，要求班干部每天要比一般的同学来得早回去得稍晚，无形中就培养了班干部的工作态度和工作责任感。每个周末的大扫除，班主任要带着班干部和同学们一起干，让班干部明白怎样分工比较合理，怎样打扫才能更彻底。

3．大胆放手

从七年级的第二个学期开始，我便大胆地把班干部推到班级工作的第一线，让班长主管全面工作，学习委员抓好班级学习风气，劳动委员抓好班级卫生管理，教室、清洁区分工到人，并且做好督促和监督工作，文娱委员根据同学们的特长组织好一支文艺队伍，平时注重搜集文娱素材，为班级和学校组织的各种文艺演出作好准备，宣传委员组织好一个宣传团队，既要有负责版面设计的，也要有负责资料查找的，还要有负责书写的，为出好每期的黑板报而献计献策，体育委员负责监督并且组织同学们上好体育课，带领同学们跑操，组织好每年一次的运动会报名，各科课代表负责收发好各科作业，同时更重要的是要带领好本班同学学好你代表的这一门课，动脑筋想办法如何让全班同学喜欢学习而不抄袭你的作业。这一科目成绩的好坏，课代表有举足轻重的作用。这样班级各项工作我都放手给班干部和课代表去做，只要谁表现的比较好，我就会在班上郑重其事地进行表扬，这样班干部和课代表会想办法为班级做事，班上就形成了一股以身作则、工作积极主动、你追我赶、力争上游的工作和学习氛围，让他们真正发挥其管理能力，而我却在后面不断地鼓励他们，鞭策他们，使他们一步步地走向成熟和完美，这样一支优秀的班干部队伍就慢慢地形成了。

为了使更多的同学得到培养，八年级上学期我班班干部人员增加了一倍，由两位班长自由"组阁"，分两组干部轮流值日，两组干部实行竞争，看哪组值日干部在值周期间班上扣分少。语文、数学、英语课代表各三个，物理、地理、历史、生物、政治课代表各两个。团队的力量总比个人的力量大，结果效果还不错。生物老师和政治老师多次反映课代表的认真负责给他们减轻了很多负担。为了使所有同学得到锻炼，八年级下学期开学的第二天，我把想要让全班同学都能得到锻炼的想法与四位班委常委交流以后，他们觉得条件已具备，时机也已成熟，这个想法可行。我们班有47位同学，让两位同学担任常务班长后，其余45位同学每三个同学一组，通过自由组合的形式正好分成15组。于是我就从4个常委里边由他们自己报名，选两位担任常务班长，并由常务班长制定具体细则。真的让我没想到的是，学生的能力是不可估量的，这次的常务班长是文竹和糜子越，班干部细则的制定是由糜子越完成的，而且制定得非常详细。

每周星期一班会课上，上周的值周班干部都会对上周的工作做出总结，点评上周好的方面和不足之处，并指出下周需要改进的地方；常务班长也对该周的值周干部做好评价，肯定他们好的方面，并指出不足，这样后面的值周干部就可以借鉴前面班干部的经验，尽量克服不足，结果后面的班干部工作越做越好，通过一个学期的实践，我让他们写下了做班干部的感受，下面摘抄几段。

李怡凡同学：我是一个从未当过班干部的同学，因为我从小就胆小，胆小得连上课老师让我回答问题时手脚都会一直不停地哆嗦，但这次老师让我们轮流做班干部，我既高兴又害怕，高兴的是，我终于有机会当班干部了，害怕的是我怕我管理不好，辜负老师和同学们的期望，好在我不是第一周，有前面同学的经验，让我顺利很多，我原以为当班干部很威风，能随意对同学呼来唤去，可以高高在上，所以一直对班长这个职位非常渴望。可是当我真正获得这个职位时，我就真的品尝到了它的不易，特别是每天早上的早读，因为要组织好早读，我必须要站在讲台上大声地提醒并大声地带读，我每次带读都会紧张，每次都会出汗，但是由于有同学们的支持和老师的鼓励，我胆子越来越大，虽然只有短短的一个星期，但我收获很多。如果还有机会，我一定会比这次做的更好。

刘晨熠同学：这个班集体让我们每一个同学都引以为荣，有辛勤教诲我们的老师，充满青春活力的47位同学。不论是在学习上还是活动中，都有着永不服输的劲头。自从本学期担任轮流班干部以来，我们都本着为同学服务的原则，尽心尽力做好本职工作。乐意为班集体付出，使班集体在各个方面越来越优秀，更涌现出很多有管理能力的同学。在整个过程中也培养了同学们的责任心，能力有不小的提高，这个办法给了每位同学一个展示自己的平台。我们也希望以后继续采用这个方法来提高同学们的能力。谢谢老师。

……

回顾走过的路程，虽然平平凡凡，但值得回忆和欣慰的事却太多太多。在这个过程中，我们只有不断地"学习，学习，再学习，实践，实践，再实践"，同时在实践的过程中不断地总结经验，吸取教训，相信你们一定会比我做得更好。

个案10　在实践中丰盈教育的生命

姓名：张玉杨

所在的学校：长沙市北雅中学

最喜欢读的书：励志书籍

最喜欢的休闲方式：爬山、打篮球

第一部分　我的成长故事

题记："我把昨天打进记忆的背包，今天我抖擞精神，又起锚远航，既然选择了明天，就风雨兼程，破浪远航。"

我想飞，却怎么也飞不高

"我是一只小小小小鸟，想要飞，却飞也飞不高……"刚踏上工作岗位时，最喜欢听的就是赵传的这首歌了，也许它就是我当时内心真实的写照吧。

老实说，走上教育这条路并非内心的渴望，而是命运的安排。高中毕业那年，我受当时社会择业观的影响，报考了湖南师范大学计算机专业，大学毕业后为了将来的工作，又继续到湖南师范大学数学与应用数学专业攻读研究生学历。在学习期间，我在昏黄的灯光下阅读《高等数学》《应用数学》《数学发展史》《教育学》《心理学》《外国教育史》……书读得多了，我感觉到自己的心开始变得宁静起来。我以优异的成绩毕业后，报考了长沙市开福区北雅中学。自认为教个初中学生不在话下，因此，沉浸在自我的陶醉中。但我永远忘不了那一节课，那是刚到北雅中学不久，我费了很大的气力向学生解释一个概念，可学生就是不懂。无奈，第二节课请来了教导主任帮忙。没想到他只是简单的几句话，学生们就一下子全明白了，一个孩子还兴奋地连声说："好懂！好懂！真简单！"看着学生那茅塞顿开的样子，我的心受到了强烈的震撼。

你会成为一名优秀的教师

"你会成为一个优秀的教师。"这是刚到学校时许校长送给我的一句话。从小不服输的我暗暗告诉自己："只要你努力，你也能把数学课上得简单、快乐！"于是，很长一段时间内，我成了学校最谦虚的"学生"，反复听老教师的课，一遍遍修改自己的教学设计，全身心扑到了数学教学的研究实践中。身在一线，我真切地体会到教学基本功的重要。为了练好粉笔字，我随身带一块小黑板，几乎一有空就写了擦，擦了写；为了练好普通话，我干脆拜长沙电视台播音员为师；为了备好一节课，我苦苦思索，多少次备好，又多少次推翻，直到满意为止；为了上好第二天的课，夜深人静时，我还在对着墙壁一遍又一遍"试教"。为了拥有扎实的理论功底，建构属于自己的数学教学思想，我走进了学校图书馆，苏格拉底、卢梭、洛克、苏霍姆林斯基、陶行知等专家学者的鸿篇巨制开始走进我的视野。那是一段更为艰辛的阅读，因为，读理论无疑要有啃书的勇气和耐力。一次次烦躁地放下，又一次次珍爱地拿起，一遍遍对自己说："读下去，读下去……"行走在教育理想的路上，心终于安定下来。那是一段难忘的岁月！一次次备课，一遍遍试讲，一次次修改，我仿佛是一只春蚕在经历着人生的蜕变，"痛并快乐着"是我真实的心境写照！多少个夜晚，我独自面对空旷的教室认真讲解，反复揣摩；多少次在路上，我骑车苦思冥想却不得其解时，差点被人撞倒。有付出就有收获，我的课越来越得到学生和教师的认可，在学校青年教师赛课中成为佼佼者。

学习是创新的源泉

随着时间的推移，我深深体会到，锲而不舍地坚持学习是造就一名优秀教师的先决条件。因此我给自己"约法三章"："要敢于吃别人不愿意吃的苦，要乐于花别人不愿意花的时间。"

在新一轮课程改革研究的今天，随着对教育的深层次理解，我更是加倍努力，吸取多方面的信息，不断提高自己的综合素质。利用工作之余，我阅读了大量国内外关于基础教育改革的书籍，学习了建构理论、多元智力等理论，并且坚持做读书笔记。

坚持不懈的学习，为我的教书育人事业插上了腾飞的翅膀。我将一些教育理论付诸实施。在班级管理中，我依据理论想点子，制定班级的整体目标，使学生的成长有一个系统的安排和构想，并与班集体达成一致目标。我经常告诫学生，"不积跬步，无以致千里"。我带的班级班风好，学风正，凝聚力强，任何时候都起着榜样的作用。

通过坚持不懈的学习，为我开展教育教学改革奠定了坚实的理论基础。探求课堂教学和谐互动的科学规律，提高课堂教学质量，是我课堂教学研究的一项重要内容。我认为，课堂教学过程是师生之间、生生之间、师生与文本之间对话的过程，也是师生经历、思想、情感乃至人格等方面进行交流、沟通与碰撞的过程。这应是一个精彩的灵动的过程，就像一条涓涓流淌的小溪，而绝不是一潭死水。为了达到师生互动的目的，我通过课堂教学的设计和调动学生积极参与，使课堂真正成为学生生活的场所，使学生能在这种生活中获得富有个性的发展。我认为，建立在师生平等基础上的对话，不仅是促进课堂和谐交流与互动的前提，更是促进学生不断发展、不断完善的有效教学策略。通过引导，我促使学生以积极的态度参与到教学过程中，并与学生相互交流，相互沟通，相互启发，相互补充，在这个过程中彼此分享思考、经验、知识，以达到课堂充满灵动气息的效果。

反思是超越的翼翅

"不应尽力而为，而是全力以赴"，我逐渐悟出了一点成功的道理。有人说思索是一道大门，通向世界上没有的东西，通到现在人类想不到的地方。的确，正是在思索中，我开始建构自己的教学思想：数学是什么？什么是有价值的数学？

伴随着一步一步走进新课程，我更是用新课程的理念审视自己的教学行为。在新课程背景下，我个人认为，数学课应该把握好的几点：第一，一定要以学生为主体，充分调动学生的学习积极性和认知内驱力，培养学生的数学学习兴趣。第二，创设教学情境应注意恰到好处。有些课没有必要，就无需创设情境，画蛇添足，而应开门见山，直奔主题。第三，数学课堂不宜过分讲求合作学习，要认识数学的本质。事实上，独立思考能力更为重要。第四，探究活动应视具体问题而定，有些简单的问题不必设问探究。还有一些过于复杂，学生根本不可能在课堂中解决的问题，也不应设置探究。要防止这两种倾向，适度有效地设置探究活动。第五，数学课堂还是要以落实、完成教学目标为首要任务。教师应有较强的课堂驾驭能力和组织能力，在实事求是的基础上大胆创新。第六，适度使用多媒体辅助教学手段，力求突出重点，讲究技术，简洁明了。第七，课内还需注重师生交流，提高课堂应变能力。一些偶发事件处理得当，会冒出"智慧的火花"，课堂会因此而精彩。第八，每堂课都应进行教学反思，反思是人类进步的阶梯，反思会使教师超越自我，反思是教师创新的翼翅。

反思，能让我拒绝平庸；反思，能使我捕捉教学中的灵感；反思，使我吐故纳新；反思，使我们的教学经验升华。反思曾让我身陷沉思，迷惘困惑；反思曾让我辗转难眠，挑灯夜战；然而我发现：反思使我的教学显示出更强的生命力。它一定能让我超越自我，达到"会当凌绝顶，一览众山小"的境界。通过反思撰写的教学论文曾获得教学论文一等奖。

第二部分　我的研究之旅

数学概念也是数学基础知识和基本技能的核心，它是理解、掌握其他数学知识的基础，对培养学生的逻辑思维和灵活运用知识实现迁移的能力有重要的作用。概念教学是初中数学教学的重要组成部分，概念教学的成功与否将直接影响到教学的质量。

概念教学，想说爱你不容易

传统的数学概念教学中，往往先举几个引入例，然后提出概念定义，并要求学生复述，接着讲解例题，最后练习巩固。新课程实施以来，数学教学要求合作探究，注重培养学生的创造性和发散性思维，但也出现了一些问题：

一、注重训练，轻视效率。在概念教学中，如果按照"定义+例题"的教学模式进行，这样只能"强塞"给学生定义与方法，而删去了从问题到结论和方法之间的精彩过程。数学思想和数学最深刻的内涵实际上是通过数学概念反映出来的，但是从学生的表现来看，无论是考试、作业都是以习题的形式来完成的，结果造成对概念不重视，而单纯依靠大量的做题来弥补对概念理解的不足，造成学习效率不高，老师和学生都很疲劳，这是一个得不偿失的过程，相反，如果一个概念比较清楚的话，就能够对题目或问题有一个清楚的认识，现实的情况是，概念用几分钟的时间呈现，然后靠大量的题来弥补。

二、注重感知，轻视认知。初中生的思维是从形象思维向抽象思维过渡的阶段，在概念教学中注重学生的感知是很必要。但感知是简单的、表面的、零碎的。如果忽视概念本质特征的抽象和概括，势必影响其抽象、概括能力和推理能力。

三、注重记忆，轻视理解。在概念教学中，重记忆、轻理解的现象普遍讯在，主要表现在：偏重形式记忆，当一个概念出来后，只要求学生去记概念的内容，而忽视它的来龙去脉，理解不深刻。

四、注重现象，轻视本质。在教学过程中，往往重视了概念的理念，关注枝节，从概念的枝节上提问题，忽视对概念本质的理解。

数学概念教学之破解之策

概念是思维的基本形式之一,也是判断和推理的起点。概念教学对培养学生的思维能力能起重要作用,要促进学生思维的发展,所以首先必须强化概念教学。

一、在观察体验中形成概念

生活离不开数学,数学离不开生活。数学知识源于生活而最终服务于生活。在数学概念教学中,结合学生身边熟悉的事物引入、生成和运用概念,不仅可以让学生感到数学知识的亲切,而且能将抽象的概念直观化、易于理解、掌握和解决问题。因此,进行概念教学时,应密切联系概念的现实原型,引导学生在观察有关的实物、图片、模型的同时,获得对于所研究对象的感性认识,在此基础上逐步认识它的本质属性,并提出概念的定义,建立新的概念。这些实际事物,可从身边比较熟悉的事物着手。下面我就认识函数来谈谈。

这是一节较难讲授的概念课,因为涉及的概念多,而且抽象,呈现动态,学生难以掌握,尤其是函数这个概念。本人在讲授这部分内容时,引入了生活实例,用描述的方法进行概念教学,让学生在感性上接受,取得了一定的效果。

问题1 小明的哥哥是一名大学生,他利用暑假去一家公司打工,报酬按16元/时计算。假设小明的哥哥这个月工作的时间为时,应得报酬为元,填写下表:

工作时间(时)	1	5	10	15	20	…	…	…
报酬(元)								

然后回答下列问题:

师:在上述问题中,哪些是常量?哪些是变量?

生:常量16,变量是工作时间。

师:能用代数式来表示吗?

生:能,$C=16$

师：在这个变化过程中，有两个变量，对每一个确定的值，都有唯一确定的值与它对应.

问题2 跳远运动员按一定的起跳姿势，其跳远的距离(米)与助跑的速度(米／秒)有关。根据经验，跳远的距离(0<? <10.5)。

然后回答下列问题：

师：在上述问题中，哪些是常量？哪些是变量？

生：常量0.085，变量？

师：计算当分别为7.5、8、8.5时，相应的跳远距离是多少(结果保留3个有效数字)？

生：s=4.78125、5.44、6.14125。

师：给定一个的值，你能求出相应的的值吗？

生：能。

师：在这个变化过程中，有两个变量，对每一个确定的值，都有唯一确定的值与它对应。

通过对两个学生熟悉的问题的讨论，这样就巩固了常量、变量的概念，为学习函数的概念作好准备。一般地，如果对于每一个确定的值，都有唯一确定的值对应，那么就说是？的函数，叫做自变量。例如，上面的问题1中，是？的函数，是自变量；问题2中，是对？的的函数，是自变量。

二、在交流互动中领悟概念

数学概念是数学思维的基础，要使学生对数学概念有透彻清晰的理解，教师首先要引导学生进行深入交流，剖析理解概念的实质，弄清一个概念的内涵与外延。也就是从质和量两个方面来明确概念所反映的对象。如垂线概念的学习，要引导学生在交流探讨中，理解垂线概念包括三个方面：第一，了解引进垂线的背景：两条相交直线构成的四个角中，有一个是直角时，其余三个也是直角，这反映了概念的内涵。第二，知道两条直线互相垂直是两条直线相交的一个重要的特殊情形，这反映了概念的外延。第三，会利用两条直线互相垂直的定义进行推理，

187

知道定义具有判定和性质两方面的功能。另外，要让学生在交流运用中解决问题，加深对概念本质的理解。如"一般地，式子(a≥0)叫做二次根式"，这是一个描述性的概念。式子(a≥0)是一个整体概念，其中a≥0是必不可少的条件。又如，讲授函数概念时，为了使学生更好地理解掌握函数概念，我们必须揭示其本质特征，进行深层交流，逐层剖析：①"存在某个变化过程"——说明变量的存在性；②"在某个变化过程中有两个变量x和v"——说明函数是研究两个变量之间的依存关系；③"对于x在某一范围内的每一个确定的值"——说明变量x的取值是有范围限制的，即允许值范围；④"v有唯一确定的值和它对应"——说明有唯一确定的对应规律。由以上剖析可知，函数概念的本质是对应关系。

三、从"概念填鸭式描述"到"概念引导式构建"

在讲授图形的旋转的概念时。(教师先出示一些含有旋转现象的动画，让学生观察。)

教师：同学们发现这些现象中有什么共同的特征？

学生：旋转。

教师：对，旋转，这就是我们这节课要学习的知识，板书课题。

(教师幻灯片出示旋转的概念描述：把一个平面图形绕着平面内某一个点O转动一个角度，就叫做图形的旋转，O叫做旋转中心，转动的角度叫做旋转角。)

教师：请同学们找一找，这个概念中有哪些关键词？

学生：平面图形、一个点、转动……

教师：很好。我们在理解一个图形的旋转时就要把握这几个关键点。

评析：上述案例，学生实际上是在被动接受"图形旋转"的概念。"旋转"被"填鸭式"传授给学生。情境引入旋转时，学生可能还在沉浸在生动的旋转动画中，瞬间被一些"平面图形、一个点、转动……"等生硬的字眼弄愣了，还没来得及从形象思维过渡到逻辑思维上，一个数学概念就已经形成了。其实这种让学生记住概念的描述，消化概念内涵的教学方法很容易让学生对数学学习产生负面的情绪。

"引导式构建"尝试

（教师先出示一些含有旋转现象和平移现象的动画，让学生观察）

教师：同学们发现这些现象中有什么共同的特征？（指着旋转现象的动画）

学生：旋转。

教师：这些现象又有什么共同的特征？（指着平移现象的动画）

学生：平移。

教师：说的很好，同学们知道这两种现象的区别吗？

学生1：前面的几组动画在转动，后面的没有转动，在水平运动。

教师：也就是说我们发现旋转一定转动了——

学生2：转动了一个角度。

教师：大家看看，这些转动的图形在转动的过程中有什么规律？？（指着旋转的动画）

学生3：围绕一个点在转动。

教师：也就是说，旋转不是毫无规律，它需要围绕一个——

学生：定点。

教师：那么，同学们归纳一下，在判断一个现象是否为旋转时，我们应该抓住哪些关键的要素？评析：改进以后，教师并没有急于选择引出旋转的概念，而是选择相信学生，在教师的对比引导下，让学生发现，辨别，区分，总结，每一次总结都是在学生已有的知识基础上的一次飞跃，再经过学生自己的整理，"旋转"的概念就从学生已有的知识体系中构建起来，这不仅是学生知识的构建，也是他们学习能力和信心的构建，这个过渡很自然。

其实，新课程理念告诉我们，要引导学生构建数学概念，不仅可以让学生获得数学知识，更重要的是要让学生学会思考，能够从数学活动中获得数学学习的思考经验，因而构建式概念讲授优越于填鸭式概念讲

189

授，即使学生在后面的习题练习中如何巩固概念来弥补对概念的不理解，其效果都没有构建式好。

四、从"概念的实虚列举"到"概念的深度辨析"

概念构建后，在实际的教学过程中，我们需要对新的概念与其他容易产生混淆的概念加以区别，这个时候，我们需要把正确的和错误的实例列举出来，强化学生对概念的理解。因此教师这时候的深刻辨析就要非常到位，如果引导的不恰当，有可能学生偏偏混淆了概念，辨别不出来了，或者过了一段时间，学生还是不能透彻地把握概念的实质。概念的列举并不是只要把所有的注意点列举给学生，告诉学生就能达到辨析的目的。相反，还会出现下面的情况：

在讲授"一元二次方程"的概念后，教师出示一组辨析题：

(1) $7y^2 - 16 = 0$　　(2) $\dfrac{x^2}{5} = 4$　　(3) $3(x+1)^2 = 2(x+2)$

(4) $\dfrac{1}{x^2} + \dfrac{2}{y} = 4$　　(5) $\dfrac{1}{x} + x^2 = 1$　　(6) $x^2 + 2x = x^2 - 1$

教师：请大家判断上述方程中哪些是一元二次方程？

学生1：(1)(2)(3)(5)(6)

教师：回答部分正确。我们一起来看，显然(1)(2)(3)是对的，第(4)个方程为什么不是的？

学生2：有两个未知数。

教师：很好！那么第(5)个呢？

学生：不是。(疑惑)

教师：很好，不是。因为这里的未知数在分母中不是整式方程。第(6)个呢？

学生：不是。(疑惑)

教师：很好。大家看看，将所有的项移项到方程的一边，整理后 x^2 还存在吗？

学生：不存在。

教师：很好，所以以后，我们在判断一元二次方程的时候，要注意三个关键点:"一元""二次""整式方程"。

评析:上述案例中,教师反复强调了一元二次方程必须满足三个关键点,从目前情况来看,学生确实掌握了一元二次方程的判断,似乎也看到了课堂知识教学的高效性,可能,在这个过程中,学生被调动的还是记忆思维,记忆性思维是很容易遗忘的。从长远的角度来看,大部分学生对这几个重要的关键点都能够记住,但少部分学生还是会淡忘,没有达到应有的效果,以致出现了向这样的方程:$x^2+\sqrt{x}+1=0$,学生还是会说是一元二次方程,出现了这样尴尬的局面不足为怪,学生还没有彻底弄懂这个概念。

"概念的深度辨析"尝试

在讲授"一元二次方程"的概念后,教师出示一组辨析题:

(1) $7y^2-16=0$ (2) $\dfrac{x^2}{5}=4$ (3) $3(x+1)^2=2(x+2)$

(4) $\dfrac{1}{x^2}+\dfrac{2}{y}=4$ (5) $\dfrac{1}{x}+x^2=1$ (6) $x^2+2x=x^2-1$

教师:请大家判断上述方程中哪些是一元二次方程?

学生1:(1)(2)(3)(5)(6)。

教师:我发现你没有选择(4),为什么呢?

学生1:因为(4)中有两个未知数。

教师:很好,你能说出你的判断标准吗?

学生1:只能有一个未知数,并且未知数的最高次数是二次。

教师:不错,标准很清晰,有和他选择不同的同学吗?

学生2:我选的是(1)(2)(3)(6),没有选(4)(5)。

教师:你的理由是……

学生2:不选(4)的理由跟他一样,不选(5)是因为这个方程的未知数在分母上。

教师:为什么未知数在分母上就不行呢?

学生2:因为它是我们学过的分式方程,我们今天学的一元二次方程的一般形式都是整式。

教师：说得很好，你能说出判断的标准吗？

学生2：首先应当是一个整式方程，其次只能有一个未知数，并且未知数的最高次数只能是二次。

教师：非常棒！我们的判断标准又多了一条，还有和他选择的不一样的吗？

学生3：我选择的是（1）（2）（3）。

教师：说说你的理由。

学生3：（6）实际上没有二次项。

教师：我明明看见有二次项的呀！

学生3：移项后，x^2前面的系数为0。

教师：太好了，我们也看出来了，说说你判断的标准？

学生3：整数方程，一个未知数，最高次数二次，并且二次项系数不为0。

教师：我们的判断标准又进步了，还有其他同学有不同的选择吗？

学生4：我选的是（1）（3），没有选（2）。

教师：说说你没有选择（2）的理由。

学生：我觉得（2）是分式方程。

教师：我觉得也像。

众生：不是，分母中没有未知数。

教师：呵呵，我们判断失误了。

学生4坐下。

教师：大家还有不同意见吗？（环视四周后）最后我们一起来总结一下判断一元二次方程的标准……

评析：本案例中，在教师的引导下，学生根据自己对一元二次方程概念的理解进行辨析，深入理解，教师只是引导者，在学生的不断否定不质疑中，一元二次方程的判断标准逐步完整清晰，一元二次方程的概念得以建立，而非教师的灌输式传授。

其实，数学概念中往往是互相关联的，只要把这些关联之处区分开来，让学生彻底顿悟，我们的教学就能够达到好的效果。能够让学生完成的，教师绝不代劳。让学生在质疑中真正完成对概念的理解和深化，让学生除了掌握基本知识以外，还要掌握基本技能，这种技能就是数学中必须具备的独立思考能力。

五、从"简单的例题巩固概念"到"复杂的变式训练强化概念"

"学而时习之"是为了巩固和加深对概念的理解和应用，这个环节非常的重要，在讲授完一个概念后，一定要注重实效性，选择合适的题目让学生训练能够达到意想不到的结果。

讲授"二次根式"的概念之后，教师出示了这样一个巩固二次根式概念的问题：函数 $y=\dfrac{\sqrt{x+2}}{x}$ 的取值范围是什么？

众生：$x \geqslant -2$

学生1：不对，分母还要不能为0啊！

教师：说的很好，我们学完了"二次根式"概念后，怎样求当函数中含有未知数时的取值范围？

学生2：二次根式中的被开方数要大于等于0，如果分母中有未知数还应该不能等于0。

教师：总结得很好。

……

评析：这是一节"二次根式"概念的新授课，这节课的主要目的是让学生理解二次根式的非负性及二次根式成立的条件。而教师所出示的练习题却是一个陌生的函数表达式，分式和根式的综合使得知识得到了拓展。如果还需要拓展：

(1) $y=\dfrac{\sqrt{x-2}}{x}$ (2) $y=\sqrt{\dfrac{1}{x+1}}$

对上述练习题再进行变式训练，虽然教师看来很容易，但对于刚刚学完了二次根式的学生来说，还是有困难的，估计又有很多学生对变式(1)的结果不假思索地写成 $x \geqslant 2$ 且 $x \neq 0$，变式(2)的结果写成 $x \geqslant -1$。

在练习题中，经常进行变式训练有利于培养学生的发散性思维，有

193

利于拓宽学生的概念的应用范围，从而真正达到学生在思考和探索中收获学习能力和经验。

第三部分　我的班主任之乐
让爱为教育插上翅膀

在后进生的转化工作中，我们不难发现：后进生的心理是自卑的，他们总是"低着头走路"。在转化后进生的过程中，作为教师要对后进生充满爱，要经常与后进生交往。

一、沟通交流缩短与后进生的距离

在传统的教育方式是：课堂上，教师站在台上，居高临下，师生之间的距离拉大，形成一道无形的心理防线；办公室里，老师坐着学生站着，师生间的不平等性明显拉大。在与后进生交往的过程中，我与他们边走边谈，请他们坐下一起分析问题，解决问题。让他们感到老师尊重他们，信任他们，提高他们的自信心和自豪感。在教室座位的编排上，我让他们的座位尽量靠前。而不要总是把学习成绩好的学生排在前面。有时将课桌排成圆形或半圆形，学生自由选择座位，与教师围坐在一起，让后进生感到老师是在平等地对待他们。随着教育者身份的淡化和师生空间距离的缩短，心理距离也自然缩短了。

我的班上有一名女生，在整个年级都是很"出名"的。就因为她经常惹事，所以其他班的很多老师都与她打过交道，认为她是根"难啃的骨头"。而我一直努力用我真诚的心来关心、帮助、改变她，希望她能成为一名优秀的学生。一开始我先是警告，后是直接批评，几次后我发现并没有取得我想要的效果，这名学生不仅没有改正，而且不太愿意和老师说话了。这使我不得不做自我反省。我向她的一些小学同学打听情况，得知她的父母在她三年级时离婚。据她自己说，就是因为父母离婚她才会变成这样。我也找到她的家长了解情况，知道她现在与母亲和继父生活在一起，继父待她很不错，而她母亲因为脾气不好，和女儿相处并不太好，她和继父的关系反而比和她母亲的关系好。我了解到这些情况，先向其父母讲明现在的形势，说明我一定会努力培养她，同时要求家长在家对女儿也进行教育，学校与家庭双管齐下，一起来改正她。而在学校，我并没有给她"下马威"，也没有全班面前批评她，而是经常在课后找她谈话，与她拉家常，问她的爱好和梦想，讲学习的重要性；告诉她哪些是好的，应该做的；哪些是不对的，不该做的。没有了老师的"严威"，有的只是朋友的真诚，在平易的没有压力的气氛中，她慢慢地说出了心里话。除了谈心之外，我还积极鼓励她在特长方面的发展。这名女生尤爱唱歌跳舞，也具有一定的天分。因此每逢有文艺活动的时候，我总是鼓励她带领其他同学排练节目，为班级增光。这样就可以让她有强烈的班级荣誉感，平时就会注意自己的言行了。爱能够转变一个人，这就是爱的力量，这就是有效教育的力量！

二、宽容鼓励让后进生走出低谷

来自学业的失败，使后进生自己看不起自己，认为别人也看不起自己，在同学老师和家长面前总觉得低人一等，处处表现出自卑感。消除自卑感最有效的方式是鼓励，以增强他们的自信心。一次在周会课上与学生谈到如何提高学习兴趣时，一位女学生不好意思地说："不知为什么，哪个老师表扬我，我就感觉特别爱上哪个老师的课，不知大家是不是和我一样。"教室里一下子沸腾了，同学们都深有感触的说：对！就是这个样子，我也是。看来表扬和鼓励确实能够缩短师生的心理距离，提高学生的学习兴趣。对后进生来说鼓励就显得尤为重要了。

在与一位学习成绩特别差的学生聊天时，当我问到他最近学得怎么样时，他一改以往的沉默不语，自豪地说："语文老师说我比以前有进步了。"后来经了解因为他在听写字词时，比以前有一点进步，语文老师及时鼓励了他。这小小的鼓励，对这位学生来说却是莫大的鼓舞。教师的鼓励之所以对后进生会产生极大的影响，一方面是因为老师在他们心中是神圣的，另一方面是因为后进生很少能得到别人的肯定，更不用说是表扬和鼓励了。因此，对后进生来讲，老师的每一次鼓励，每一个微笑，对他们的心灵都是一种安慰和激励。教师在鼓励后进生的同时不但缩短了教师和后进生的心理距离，也增强了他们的自信心和学习兴趣。

　　以前我曾教过一名学生，叫时小明，他体育成绩很突出。多次参加运动会获奖。但写作能力很低，作文总是七拼八凑。其他科目也是一团糟。又一次，我偶然发现，他在一篇文章中描写足球比赛场面写的很生动，使人如身临其境。面批时，我用惊喜的目光看他："以前我对你了解不够，今天才发现，你这个'体育明星'原来也有文学细胞呀！你这篇文章当范文读！"接着我列举了很多名人专业不行，但经过刻苦学习取得成功的事例后，终于在他心灵深处产生了共鸣。面批的几句话改变了他原来的学习态度，使他在语文学习方面兴趣大增。

　　三、良好班风环境让后进生迅速成长

　　我们班有59人，寄宿生比较多，学困生也比较多。如何科学有效地管理班级，我根据班级的实际情况，因地制宜地实施了一些举措。我将班级中的班干部分为五组，每组两人，分组管理一天中的晨读、卫生、纪律等方面的事项。对管理出色的学生及时表扬，管理不当的则指出问题所在，帮他们一起改正。同时对部分班干部定期轮换，定期让那些中差生担任适当的工作，这不但增强了他们的自信，而且培养了他们的各方面的能力，同时班干部之间也有竞争，而竞争又促进了班集体的建设。开展"班级之星"的评比活动，强化学生的一日常规。同时为了搞好优差生的帮扶活动。我们发挥学生群体的作用，将一个后进生和一个优等生配搭在一起，使他们座位相邻，构成学习上的伙伴关系。我给优等生规定三条任务：督促后进生按时完成作业；帮助后进生解决学习中的疑难问题；给后进生介绍一些好的学习方法。同时给后进生也规定了三条要求：学习上遇到疑难问题必须虚心向优等生请教；要自觉地接受优等生的监督；优等生介绍的学习方法要认真地做好笔记并在学习中实施。

　　工作中我一个月召开一次优等生会议，检查他们对后进生转化工作的落实情况，收集一些反馈信息，共同商量如何才能更有效地做好后进生的转化工作。对后进生转化工作有明显效果的优等生，及时给予肯定与表扬。增加他们的操行评比分，对不负责的优等生提出批评、限期改正。一个月召开一次后进生会议，认真听取他们的意见和要求。多数后进生都认为：一帮一活动很好，他们遇到疑难问题，可以及时得到帮助和解决。在优等生的督促之下，学习自觉性逐步提高了，每次的作业能够按时完成了。同时，从优等生那里学到了一些好的学习方法，提高了学习效果。

　　创造良好的班级环境对提高后进生的学习兴趣也是非常重要的。不但如此，良好的班级环境，有利于培养学生与老师和谐的人际关系，让后进生在良好的集体氛围中逐渐往好的方面发展，后进生的转化工作便得心应手了。我国著名的教育家陶行知先生说过："真的教育是心心相印的活动，唯独从心里发出来的，才能打到心的深处。"